#PQUGMONDDP

¿Por qué unos ganan mientras
otros no dejan de perder? ...
Y cómo ser uno de ellos.

ROBERTO ALAGIA

A todos aquellos que creen que un mundo mejor es posible y luchan cada día para demostrarlo con sus vidas.

A mi familia y amigos. Los amo.

A aquellas amistades que colaboraron para que hoy este libro sea una realidad.

A los que alguna vez me dieron la espalda sin saber que estaban enseñándome a encontrar mi mejor versión.

A Dios, por su luz en medio de las páginas.

—Roberto Alagia

Contenido

Prólogo
por Javier Oliver

Estaba lloviendo y recuerdo que me encontraba en uno de esos momentos de desconexión. Vibró mi teléfono y vi que Roberto Alagia me había enviado un Whatsapp:

—¿Qué tal estás Javi? Me gustaría que te involucraras en un proyecto que me ilusiona muchísimo y que estoy a punto de lanzar.

—Cuéntame. —fue mi respuesta—

—Estoy terminando mi primer libro. Exactamente, me encuentro en la fase final, la de revisión. Y como te tuve en mente durante gran parte del proceso, me gustaría que me ayudaras con los detalles finales y que escribieras el prólogo del libro.

—Cuenta conmigo para lo que necesites. Estoy a tu disposición. Mañana te llamo y empezamos. Un abrazo amigo.

Este fue el inició de algo fascinante que nunca había realizado. Ayudar a un amigo con su "ópera prima" y escribir su prólogo.

Conocí a Roberto gracias a mi hermano Carlos. Roberto, es un tipo con el que sientes que te está hablando su corazón desde el primer momento que compartes con él.

No hace falta congeniar, ni fraternizar. Al irte a casa después de conocerlo, tu intuición te dice; "este chaval, es una buena persona".

En algunas ocasiones, no sé explicar exactamente cómo, pero una vocecita interior, un instinto, o presentimiento, te hace caminar hacia algo. A mi, me pasó cuando escribí mi libro "En búsqueda del éxito educativo". Y al compartir esta experiencia con Roberto, él también se sinceró conmigo y me dijo que le había sucedido algo muy parecido. Algo que le empujaba a escribir un mensaje.

Después de haber leído "¿Por qué unos ganan mientras otros no dejan de perder?" y de desmenuzar capítulo tras capítulo con Roberto, sabía que no fue un simple capricho el lanzamiento de este manuscrito. Era una misión encomendada por su voz interior. Una árdua tarea, pero necesaria para la humanidad.

Al terminar la corrección, tan solo le hice una pregunta a Roberto: ¿qué pretendes con este libro?

Su respuesta fue fulminante; <<el compromiso de "¿Por qué unos ganan mientras otros no dejan de perder?", es invitar a cada uno de los lectores a parar, y reflexionar sobre los éxitos y fracasos de sus vidas. El tiempo pasa volando. Y no todas las personas se atreven a hacerse preguntas, ni a reflexionar sobre su propia vida. Puede ser por su ritmo vital, influencias, contexto o simplemente porque nunca se han parado a pensar en ello. Esto es lo que pretendo, que la sociedad se haga preguntas para que sean conscientes de por qué ganan, y si pierden, por qué pierden>>.

Sinceramente, me encantan las personas de ideas claras. Aunque tras haberme visto inmerso en el proceso final de este proyecto, también he aprendido muchísimo del mismo.

Recuerdo que, tras haber leído unas pocas páginas del libro, me vino a la cabeza uno de los consejos que me repetía mi abuelo desde bien pequeño. Lo hacía cada vez que me enfadaba por no haber conseguido cualquier "cosa"; <<Para aprender a ganar, primero tienes que aprender a perder>>. Y con el paso de los años, caí en la cuenta de que; si era consciente que perder entraba dentro del proceso para aprender a ganar, en realidad no estaba perdiendo, sino más bien estaba ganando.

Y creo que este consejo de antaño me ha acompañado en toda la lectura de este ensayo, y me ha invitado a que me cuestione lo mismo capítulo tras capítulo. Una pregunta mágica que sintetiza todos los aprendizajes que he ido adquiriendo página tras página. Una pregunta que es necesaria para nuestro día a día y cada una de las experiencias que la vida nos brinda.

¿Eres un ganador o un perdedor?

Simplemente tienes que ser consciente de los logros y fracasos que has tenido en tu vida. Sacar una media, y determinar si lo que estás haciendo con ella a día de hoy te está conduciendo hacia la derrota o hacia la victoria. No se trata de identificar logros y fracasos tan solo a nivel material. Los resultados de un ser humano en el transcurso de su vida se dividen en cuatro ámbitos de igual importancia: personal, profesional, social y espiritual.

Gracias Roberto, por animarme no solo a existir, sino a VIVIR.

Un fuerte abrazo,

Javi

Calentando motores

¿Cuántas personas hay en el mundo? En el momento de escribir este libro hay 7.7 billones de personas en este planeta tierra y, probablemente, para cuando estés leyendo estas palabras ya hayamos superado los 8 billones de habitantes en este increíble astro.

¿Y qué tendrá que ver esta pregunta con el contenido del libro? Verás, déjame que te explique:

Aproximadamente el 1% del 1%, es decir el 0.01%, de la población mundial se dedica a lo que realmente le hace feliz y se sienten realizados. ¿Sorprendido de los porcentajes? Si calculamos este porcentaje en cantidad de personas obtenemos que sólo 770.000 personas tienen la vida que siempre han querido. ¿Y qué sucede con el resto? Pues van tirando o tienen una vida "cómoda" pero que no les llena de éxtasis y les hace brillar los ojos cuando explican a qué se dedican.

Este es el motivo del nacimiento de *¿Por qué unos ganan mientras otros no dejan de perder?* como filosofía de vida. Porque en primera instancia, quiero dedicarme a aumentar ese despreciable porcentaje y conseguir —juntos, tú y yo— que se convierta en una epidemia viral como los videos de memes de gatitos que inundan las redes sociales.

¿Por qué no? ¿Por qué no se puede viralizar una forma de vivir, de la misma manera que un gato moviendo la patita haciendo parecer que está bailando en YouTube? Yo confío en que se puede conseguir y, por ello, me comprometo. Pero no puedo hacerlo solo, también necesito de ti, querido lector, que seas un ejemplo vivo de lo que estas páginas contienen y puedas con tu vida edificar e inspirar a otros a que se junten a este movimiento.

Además, quiero que me permitas expresarte mi última intención y para ello, permíteme contarte una historia:

Tenía 13 años cuando un día mientras estaba en clase de matemáticas, mi querido profesor, estaba haciéndonos reflexionar sobre la vida y las aspiraciones que deberíamos de tener. ¿Qué queremos conseguir? ¿En quién queremos convertirnos? ¿Hasta dónde queríamos llegar? Y proseguía: "La vida es como un edificio en el que tienes que ir construyendo planta a planta. Sin embargo, necesita una base sólida. Mientras más sólida sea la base, más peso podrá soportar y más alto podrá ser el edificio."

Finalizando con la siguiente reflexión: "¿Dónde quieres poner el techo de tu vida?"

Yo, al escuchar la pregunta, levanté la mano y dije: "Profesor, disculpe, pero, en el rascacielos de mi vida, no quiero poner techo".

Mis compañeros se quedaron, por un lado, extrañados y por el otro atónitos de haber escuchado semejante "locura" ya que, ¿no se supone que todos los edificios deberían tener un techo?

Pues bien, el objetivo de que te cuente esta pequeña vivencia que tuvo en un niño de trece años, un día de clase normal, no es por mi respuesta, sino por el desencadenamiento que generó en mi vida esa pregunta que me he repetido una y otra vez.

La verdad es que sigo pensando muchos años después que no quiero limitarme, me rehúso a ponerme un techo. ¿Por qué tenemos que definirnos? ¿Por qué tiene que haber un final o una forma preestablecida de hacer las cosas? ¿Acaso no pueden existir ingenieros artistas o médicos directores de cine? La respuesta es un sí, rotundo. Porque conozco ambos casos.

Sin embargo, esta no es la suerte de todos. Muchas vidas pasan por esta tierra sin escuchar este tipo de preguntas, sin cuestionarse, sin reflexionar. No porque no quieran o porque no estén preparados, sino porque no están en un ambiente que fomente este tipo de conversaciones. ¡Qué injusto me parece!

Por eso quiero contagiarte con esta manera de pensar.

Mis días a partir de entonces han estado marcados por cuestionar y reflexionar sobre las cosas que me rodean, pero, una de las cosas que más me ha costado entender por más que haya reflexionado es: ¿Por qué el porcentaje es tan bajo de las personas que viven bajo sus propios términos? Después de mucho análisis y observación creo haber conseguido una respuesta que he destilado en estas páginas y el objetivo más profundo es llegar al origen del problema: los jóvenes.

Antes de que tu cabeza empiece a hacer juicios de por qué será que lo digo, quiero aclarar que los jóvenes en sí mismo no son el problema, sino que las influencias que les rodean generan este efecto y, atacando directamente al origen del problema, podemos conseguir que el aparente problema se convierta en el principio de la solución.

Las generaciones más pequeñas de este mundo serán los líderes del mundo futuro, ¿quiénes más importantes que ellos?

A todos los que pertenezcan a este conjunto, cada uno de sus integrantes, son los objetivos de este libro. Sin embargo, el resto tenemos que tener el conocimiento para poder ayudarles en esta tarea.

Recordemos que queremos incrementar el porcentaje de 0.01%, como mínimo al doble y que ese 0.02% inspire a otro 0.02%, ¿crees que es una tarea muy difícil? Yo creo que no. Incluso aunque lo sea, la recompensa para el mundo y la sociedad es incalculable. Estoy convencido en que es una victoria asegurada bajo el tiempo.

El tiempo de quitar la venda de los ojos ha llegado.

El cómo conseguir esto, lo irás descubriendo a lo largo de los siguientes capítulos. Mientras tanto, lo primero que tengo que hacer es decirte: ¡GRACIAS! Gracias por ser partícipe de esta revolución. Gracias por formar parte de este movimiento y ser un ejemplo viviente de que la filosofía *Ganadora* se puede implementar en nuestras vidas.

En esta parte, quiero aprovechar para prepararte el camino, de la misma manera que un agricultor prepara la tierra para que en el futuro dé frutos, y para ello, te explicaré la estructura que he decidido ponerle a este libro con la intención de obtener los mejores frutos posibles.

¿Cómo? Sencillo. Observé el proceso natural de la agricultura y me di cuenta de la importancia que tiene preparar la tierra para tener un fruto frondoso que destaque por su calidad. Si la tierra no tiene los nutrientes necesarios, la humedad necesaria, el agua necesaria, en definitiva, las condiciones óptimas para recibir la semilla, no podrá germinar.

De la misma manera, este libro es la semilla mientras que la tierra es tu mente. Esto quiere decir que, si no preparamos tu mente para recibir los conocimientos que están aquí expuestos, será información que llegue pero que nunca germine. Dejando de dar frutos.

Partiendo de este principio, la primera parte del libro consistirá en ayudarte a "abonar" tu mente, vamos a preparar juntos el terreno. Yo te ayudaré a hacerlo, pero necesitaré de tu parte para que esto salga bien. Es como un contrato donde yo me comprometo a compartirte toda la información que te permitirá vivir bajo tus propios términos, pero, necesitamos que por tu lado se genere una preparación adecuada, y tranquilo, yo me encargaré que esta tarea te sea natural a medida que vayas pasando las páginas.

¿Trato hecho?

¡Pues genial! Solo así, la información que recibas en la segunda parte echará raíces y te cambiará para siempre tu forma de pensar y vivir.

No pretendo ser más que un interlocutor entre tú y tu consciencia.

¿Cómo, Roberto? Sí, has escuchado bien.

Esto no se trata sólo en que yo te esté hablando, sino que también te escuches a ti mismo. Quiero que escuches lo más profundo de ti. Y que después de escucharte, sepas realmente lo que quieres. Cuando eso ocurra, me sentiré satisfecho.

No quiero más, pero tampoco quiero menos.

Pretendo desafiar las creencias que tenías hasta estos momentos y poder transformarlas a tu favor para que saques la mejor versión de ti.

Quiero que por medio de mis preguntas, resuenen tus voces internas.

Aquellas que quedaron silenciadas por el murmullo del qué dirán, esas que fueron "muteadas" por lo que deberías hacer y no por lo que querías hacer, esas que se les bajó el volumen cuando saliste allí fuera y el ruido del mundo te ensordeció.

Quiero que recobres la audición, que te subas el volumen a ti mismo y empieces a escucharte de nuevo.

¿Es que acaso todo se perdió cuando tuviste que empezar aquel trabajo? ¿O cuando empezaste aquella relación? ¿Qué pasó con aquellos sueños que tenías antes de que naciera tu hijo? ¿Quedaron en el baúl de los recuerdos para algún día atesorarlos cuando no tengas más tiempo?

No, no lo creo.

Es la hora de abrir ese baúl y darle vida de nuevo.

Capítulo 1

¿Qué pasó con aquellos sueños?

Cuando somos pequeños, tendemos a ver todo a nuestro alcance. Todo lo vemos fácil: "No, si eso lo hago en cinco minutos".

Tenemos ganas de comernos el mundo y de hacer grandes cosas: ser astronautas, policías, bomberos. Aunque en estos tiempos las respuestas hayan cambiado a: Youtuber, Influencer, etc., ¿sabes que la esencia es la misma?

Lo que persigue el niño que responde esta pregunta hoy o hace 30 años es lo mismo: Reconocimiento. Aunque hayan cambiado las formas.

Un niño quiere ser importante, alguien reconocido. Alguien que haya impactado en el mundo. Prestigioso.

¿Por qué? Porque quieren ser el orgullo de sus padres, quieren sentirse que son útiles para la sociedad y que lo han hecho bien. Esta es la esencia de lo que responde un niño ante la pregunta "¿Qué quieres ser cuando seas grande?".

Lamentablemente, o por desgracia o por fortuna, estas respuestas van cambiando a medida que el tiempo va pasando. Se van refinando en función de lo que empieza a experimentar el pequeño.

Empezó a estudiar matemáticas y vio que no era tan sencillo como lo pensaba, o incluso, hizo un video de YouTube y al ver que el único "Like" que consiguió fue el de su madre se desanimó y desistió.

¿Es que acaso no era para ti?

A lo mejor no te diste el tiempo suficiente. El tiempo que necesitabas para pulir tus habilidades.

Nadie nace aprendido y esta es una afirmación en la que todos podemos estar de acuerdo. Sin embargo, hay personas que tienen más facilidades en algún aspecto con respecto a otros. Así como serán menos hábiles en otros aspectos donde los demás serán mucho mejor que él.

Esto no tiene por qué preocuparte, es un ciclo natural.

¡Imagínate que fuéramos excelentes en todo! Que desperdicio de talentos habría.

Pero aprovecho este momento para preguntarte: ¿Quién puede más, el que quiere o el que puede? Si te estás cuestionando la respuesta permíteme recordarte la fábula de "La liebre y la tortuga", si no la conoces, deja este libro y ve inmediatamente a escucharla. Te indicará la respuesta correcta a la pregunta que te he propuesto.

Si aún no estás conforme, te planteo la siguiente reflexión: ¿Qué es más importante, la inteligencia o la disciplina? Para este caso tengo otra forma de hacerte ver la respuesta:

Se encontraban dos estudiantes: uno muy talentoso, brillante e inteligente. El otro, pues, no era muy hábil, más bien tenía mucha dificultad para poder memorizar y no era muy ágil para realizar cuentas mentales.

Al finalizar el curso escolar, entregaron las notas finales: Había un 9.5 sobre 10 y un 5.1 sobre 10. ¿De quién era cada nota? Probablemente estés pensando que la nota alta era del chico poco hábil. Pues no, la nota alta, por supuesto era del chico talentoso y la nota raspada del "no tanto".

Entonces, ¿qué reflexión tiene esto, Roberto? Sigue leyendo, por favor.

Fueron pasando los años y ambos chicos iban superando curso tras curso, llegando al último curso. Último día de entrega de notas y este fue el resultado: Por un lado, la primera nota de 8.6, mientras la segunda nota de 8.2.

Ahora bien, repito la misma pregunta ¿De quién es cada nota? Ahora la respuesta ya no está tan clara, ¿verdad? De hecho, el descubrir de quién era cada puntuación es irrelevante para mí, ponle la nota que quieras al que mejor te caiga.

Yo voy más allá.

Independientemente de si el chico menos habilidoso sacó la mejor puntuación, algo está claro:

La evolución que tuvo con respecto al primer curso fue abismal, admirable.

Esto no se trata de compararte con el resto. No se trata de ver si eres el mejor con respecto a alguien más, se trata de compararte si eres mejor con respecto al tú de ayer. Y en eso, sin duda, el menos habilidoso superó con creces al "brillante" que decayó en sus puntuaciones.

En base a esto, ¿eres mejor que tu yo de ayer? Tómate un tiempo para pensar la respuesta y, en caso de que digas que sí, necesito que lo justifiques en 3 aspectos que sean claramente medibles: ¿De qué forma eres mejor? Sólo así podrás saber la verdad.

Porque de algo estoy convencido y quiero que tú también lo estés, la inteligencia será siempre superada por la disciplina, tardará más o tardará menos, pero termina superando al talentoso.

De nada sirve, tener todos los dones del mundo si no los pones en práctica.

De nada sirve tener toda la fuerza, si no haces cosas buenas con ella, ¿me hago entender?

Por lo tanto, no desfallezcas, prolonga el momento de tirar la toalla, de la misma manera que postergas el momento de comenzar a hacer la dieta o empezar a hacer ejercicio. Dale largas a desistir de ese proyecto porque "no eres lo suficientemente bueno/a". Por supuesto, no eres bueno y nunca lo serás si no practicas y practicas hasta que te salga.

Recuerdas las ilusiones que tenías de pequeño que fueron aplacadas por críticas de personas que, tal vez, ya ni se encuentran en tu vida o que ni siquiera han sido importantes en ella.

Incluso, imaginemos que esas personas que te criticaron o, de una forma sutil, "te aconsejaron" que dejaras de practicar ese deporte porque "realmente" no era para ti, hayan sido importantes en tu vida, a pesar de que ellos lo hayan hecho con buenas intenciones, porque seguro que lo hicieron así, te marcaron un antes y un después para siempre en tu vida en el momento que decidiste creerles.

Todo el poder que les otorgaste al creer lo que te dijeron, marcó para siempre tu futuro. Y repito, lo habrán hecho de buena Fe, pero a lo mejor lo hicieron porque ellos cuando eran pequeños lo quisieron intentar y alguien más les destruyó sus ilusiones.

Tal vez esa persona ni siquiera ha aspirado nunca a nada o lo intentó y a la primera de cambio tiró la toalla y pensó que no era posible. No lo descartemos. Pero déjame decirte una cosa: Las cosas no se intentan, las cosas se hacen y se hacen hasta que se consigan.

¿He sido claro no?

No hay fracasos para una persona que no se rinde, no existe. Es imposible derrotar al que no se da jamás por vencido. Porque, aunque se caiga, se levantará y lo volverá a intentar.

Esa persona no se fija en las caídas sino en que cada caída que se lleva, está un paso más cerca de llegar a donde quiere. Cada dificultad le estrecha el camino. No se enfoca en lo que ha recorrido sino en lo que le falta por llegar. Todo un guerrero, un exitoso de nacimiento.

Alguien que ha sido condenado a un éxito rotundo.

Yo quiero que seas uno de ellos, un guerrero con ganas de superar cualquier obstáculo y de comerse el mundo con tal de conseguir ese sueño que lleva en medio de sus dos orejas.

©Escrito en Kenitra (Marruecos)

Capítulo 2

Nadie dijo que sería fácil

¿Quién te prometió que lo que te propongo fue, es o será fácil? Seguramente no fui yo. Además, como propulsor del método *Ganador*, quiero hacer énfasis en esto: No soy un Gurú ni mucho menos. Soy una persona con un sueño, y ese sueño es poder ayudar a que la mayor cantidad de personas puedan vivir como quieren gracias a la influencia que puedan recibir de estas palabras.

¿Por qué tengo esta ilusión?

Podría sentarme a describirte cualquier historia extraordinaria del porqué yo soy la persona indicada para impulsarte a tomar este paso, sin embargo, repito:

No pretendo ser el Gurú de la autorrealización.

Por el contrario, te lo describiré de la manera más sencilla que puedo con una pregunta:

¿Cuándo has sentido más alegría, cuando has dado o cuando has recibido? Y si no, que se lo pregunten a un boxeador.

Ahora sí, fuera bromas, está demostrado que por naturaleza los seres humanos somos altruistas y, en el momento que ayudamos a una persona, se genera una actividad cerebral que permite sentir placer al compartir lo que tenemos con otros. Pudiendo llegar a ser adictiva estas emociones.

Dicho esto, podemos concluir que al practicar con constancia el compartir aquellas cosas que he aprendido que son buenas para mí y que pueden serle útil a otras personas, me he terminado convirtiendo en un adicto de ayudar a las personas que me rodean.

Siendo mi forma de colaborar mis palabras y mis reflexiones.

Es pasión lo que me llena el escribir todas estas páginas mientras me encuentro fuera de mi hogar, a miles de kilómetros, haciendo jornadas de 12 horas de trabajo, y llegar en las noches con la ilusión de que algún día tú leerás esto.

¿No es acaso increíble el poder que tenemos en nuestras manos?

A mí me parece fascinante que, toda esta información que está en mi cabeza, un día, después de incontables trasnochos y esfuerzos, pueda llegar a tus manos.

Por supuesto que no fue fácil pero ha valido la pena, con creces, porque tú vales la pena.

Tu vida vale la pena y ya ni te cuento tus anhelos más profundos la importancia que tienen. Porque ahora ya no existen dos, sólo hay uno: eres tú hablando contigo mismo.

Esta voz se ha convertido en tu voz interior. Has sido elegido por el libro para cambiar tus días que están por llegar.

Puede que en el pasado te hayas retractado de ir a por una meta porque "se veía demasiado grande para ti" o porque "no eras lo suficientemente bueno".

Eso se acabó. Es agua pasada.

Has renacido desde el momento que decidiste dejar lo común por ir tras lo extraordinario, salir de lo normal para entrar al camino menos transitado.

Lo sabes muy bien desde el momento que sujetaste con tus manos la primera vez este conglomerado de páginas.

¿Y que de aquí en adelante todo será de color de rosas? Ya te gustaría a ti, ¡claro que no!

Si esperabas descansar a partir de aquí, prepárate para trabajar los años más duros de tu vida, para dormir menos que cuando una pareja tiene un hijo, para incomodarte más que un gago hablando en público.

Pero hay una condición: Lo harás de tan buena gana, que ni siquiera lo sentirás como un sacrificio.

Quiero que de ahora en adelante te olvides de lo que has hecho, de lo que tienes que hacer. Concéntrate en este momento, en el momento en el que te encuentras.

¿Sabes cómo se recorre un kilómetro? Mil metros seguidos.

De igual manera, no hace falta que te enfoques en el kilómetro que tienes que recorrer porque está tan lejos que es probable que pierdas la fuerza necesaria para llegar. Lo que tienes que hacer es enfocarte en el siguiente metro, una vez tras otra.

Como dice el dicho: Sin prisa, pero sin pausa; y como suena la canción:

"Caminante no hay camino, se hace camino al andar"

En la vida hay momentos en donde se necesita hacer una carrera de 100 metros lisos, donde necesitas toda tu energía, tu pasión y tus garras de guerrero, pero, en la mayoría de los casos, los retos que la vida nos pone son carreras de fondo.

Maratones donde lo más importante no ser el primero, sino llegar al destino. Es inútil desfondarse a mitad de carrera porque tendrás que desistir y salir de la competición.

Es más importante tener templanza y perseverancia. Un paso, detrás del otro.

¿Me hago entender con esto?

Parece mentira que el mundo nos ha envuelto, de tal manera, que nos hemos acostumbrado a la inmediatez:

Enviar un correo al otro lado del mundo y que llegue en lo que tardas en pestañear tres veces; hacer una llamada y ver en tiempo real a la otra persona sin importar donde se encuentre.

Incluso, hasta el punto de hacer un pedido por Internet de tus nuevas zapatillas de deporte y que te lleguen a casa la mañana siguiente —y eso porque las compraste el día anterior en la tarde.

Hay cosas que por más que se avance en la tecnología del mundo no pueden ir más rápido, por ejemplo, si juntamos a nueve mujeres embarazadas de un mes no hacen un niño recién nacido. Hay un tiempo que se tiene que cumplir y un proceso natural que se va desencadenando a medida que los tiempos van llegando.

En el segundo mes que un bebé ha sido fecundado se forman los órganos más importantes como el corazón, el cerebro y los ojos. Aquí hay muchas cosas que la naturaleza nos anda enseñando y voy a resumirlo en dos:

—Número uno, los órganos más importantes son los que se desarrollan primero.

Que los órganos más importantes se desarrollen primero significa que las cosas que realmente valen la pena, llevan tiempo. Lo que es bueno y necesario para ti, te llevará tiempo. ¿Cuánto? Más de lo que piensas, seguro.

—Número dos, lo más importante no está al final.

Si nos fijamos, el corazón empieza a desarrollarse desde el principio y es lo más importante. La etapa más crítica es cuando el feto empieza a desarrollar sus órganos vitales y no cuando está a punto de nacer.

La etapa del primer trimestre acumula gran importancia para obtener un desenlace gratificante, que es su nacimiento.

Entonces, ¿por qué nos enfocamos tanto en llegar? ¿por qué queremos nacer prematuramente si todavía no tenemos nuestros órganos desarrollados correctamente para la vida que anhelamos?

Tenemos que prepararnos, en la travesía y en el camino. Tormenta tras tormenta y batalla tras batalla. Hasta que la piel se haya curtido lo que necesita para lo que te estás forjando.

Recuerda, el diamante que no haya estado bajo presión y con la temperatura necesaria durante EL TIEMPO necesario, terminará siendo un simple carbón.

Y aunque las condiciones sean 99.9% las correctas, ese 0.01% hará que el resultado cambie drásticamente. Compara el precio del carbón con el del diamante. Son totalmente diferentes, ¿verdad?

Ahora, ¿quieres ser un diamante? El camino será largo. Tendrás que caminar sólo mucho tiempo y ser capaz de dejar ir a personas que en lugar de empujarte el paso estén arrastrándose mientras te sujetan el tobillo para que no camines.

La naturaleza ya nos está diciendo qué camino hay que seguir para conseguir lo que queremos. Sobre todo, una ley que es importante tener presente:

> "Si no estás preparado para recibir lo que pides, lo perderás."

Perderlo no significa que no lo merezcas, perderlo significa que no estabas en la capacidad para gestionar semejante cantidad de dinero en ese momento, por poner un ejemplo.

Esta teoría se comprueba cuando la mayoría de las personas que ganan la lotería, al cabo de diez años vuelven a tener el mismo dinero que tenían antes de tener "todo el dinero del mundo".

¿Por qué es tan importante la preparación?

¿Por qué es importante que tengamos que atravesar un camino largo? ¿Es realmente necesario? Espero que tú mismo consigas la respuesta.

Si has estudiado en el colegio, seguramente tuviste algún profesor que le recuerdes con un poco de resquemor debido a lo exigente que era. La verdad es que sí, todos tenemos en nuestra memoria aquel profesor que no nos dejaba hacer lo que quisiéramos porque nos castigaba.

Además, te apuesto que también recuerdas como mínimo a un profesor que era lo opuesto de este primero: perezoso para explicar las clases, "mano ancha" en los exámenes y poco exigente. Al fin y al cabo, él tampoco dominaba a la perfección lo que explicaba, ¿cómo podíamos pedirle más?

Con estas dos imágenes en tu mente, responde con sinceridad: ¿Con cuál aprendiste más? Seguramente coincidamos que con aquel que era súper exigente.

Y si ahora te pregunto: ¿Qué tenía más mérito para ti, sacar un 5 con el profesor exigente o un 10 con el que te dejaba copiar?

Me quedaré más tranquilo si la respuesta es que te llenaba de satisfacción esa nota apenas aprobada con el profesor exigente porque te había costado noches de estudio, horas extras de repasar todos los temas, quedándote dormido mientras practicabas un ejercicio más porque necesitabas aprobar, sí o sí.

Siendo así, has entendido un principio vital de la vida:

> "Si vale la pena tenerlo, vale la pena trabajar hasta obtenerlo."

A esto le añado que, una vez conseguido, la sensación de "YO PUDE" te invadirá tu mente con un éxtasis de "YO SOY CAPAZ" y, apuesto a que lo has vivido alguna vez.

Y si no, ponte hoy mismo a trabajar para conseguir un objetivo que esté un poco por encima de tus posibilidades y trabaja hasta que lo consigas. Necesitas sentir esta adrenalina.

Volviendo al tema, por el mismo motivo que una nota regalada te proporciona poca o ninguna motivación, aunque sea la nota máxima, si lo que pedimos se nos concediera de inmediato no le daríamos el valor que realmente tiene.

Pensemos de la siguiente manera: ¿Cuántas personas desean lo mismo que yo? ¿Acaso soy yo la excepción del mundo? Seguramente no.

Seguramente miles, o incluso millones, de personas estén detrás de lo mismo por lo que estoy luchando, entonces: ¿qué he hecho diferente para merecer conseguirlo yo? ¿por qué yo y no otro?

Plantéate esto. No porque la vida sea escasa sino porque la ley económica de la oferta y la demanda aquí también aplica.

Mientras más personas añoren lo mismo que tú, la vida lo pondrá más difícil. Te pondrá más pruebas a superar, más obstáculos en el camino, en definitiva, medirá cuánto deseas esa vida especial.

Y ya que estamos, aprovecho la oportunidad para preguntarte: ¿Cuánto lo deseas y qué estás dispuesto a hacer por tus metas?

Escucha tu voz interna que te habla. Anótalo en un papel y cuélgalo en tu cuarto para que cada mañana y cada noche puedas recordarte a ti mismo que serás capaz de superar cualquier obstáculo porque te lo prometiste.

El camino será largo y, como ya te comenté hace un rato, será más largo de lo que crees.

Necesitas llevarte suficiente alimento y bebida, suficiente cobija porque tendrás que echar la tienda para pegar una cabezada antes de seguir andando.

Aprovisiónate con el mejor conocimiento porque cuando la oportunidad cruce tu camino, sólo le sacarás provecho si estás preparado.

Imagínate que la oportunidad llega en el momento que te quedaste dormido por decir en la cama: "cinco minutos más, por favor" y que no vuelva a pasar esa oportunidad de nuevo en tu vida.

¿No te corre un escalofrío por el cuerpo? Por eso soy tan insistente en la preparación y en estar alerta.

Las oportunidades te llegan disfrazadas de problemas, llegan un domingo por la madrugada cuando todos están durmiendo esperando a que comience la semana. Justo allí, en el punto más oscuro de la noche.

La recompensa será abundante en la medida de la Fe que tengas.

En la medida de tu Fe pondrás tu trabajo y en la medida de tu trabajo estarás mejor preparado.

¿Y qué fue lo que dije hace unos minutos? El que esté mejor preparado tomará la oportunidad del éxito y la hará suya.

¿Te unes al equipo?

Capítulo 3

¿Y si tan solo fuera verdad?

¿Te has parado alguna vez a pensar qué pasaría si todo lo que has escuchado sobre ti fuera cierto? Si se convirtieran en realidad los comentarios que dices tú o las personas que te rodean en tu vida, ¿qué serías? ¿serías bueno o malo? ¿serías exitoso o no?

¿Por qué te hago este tipo de preguntas? Porque normalmente no nos planteamos el efecto que tiene sobre nosotros, y sobre nuestra realidad, lo que escuchamos o lo que otras personas nos dicen.

Imagina el tipo de influencia que recibe una persona donde las personas que le rodean dicen que ellos no tienen dinero porque "el Imperio se los ha robado".

A ese "imperio" me refiero a las acusaciones del gobierno actual de Venezuela con respecto a Estados Unidos, pero en esos temas prefiero no entrar porque daría para escribir otro libro.

Si crees que lo que escuchas día a día no tiene efecto sobre tu comportamiento, te comparto lo siguiente:

En una sala de espera de un hospital se encontraban diez personas sentadas, esperando para ser atendidas. Aparentemente todo parece normal salvo una novedad, en este cuarto de cuatro paredes cada cinco minutos suena una alarma.

En el momento en que suena la alarma, un infiltrado de este experimento, tiene que ponerse de pie, permaneciendo alzado hasta dejar de escuchar la sirena y, posteriormente, volver a sentarse.

Tras la primera vez que se activó, el único que se puso en pie, lógicamente, fue nuestro infiltrado del experimento. Como era de esperar.

La segunda oportunidad, también fue el único en ponerse de pie, aunque en esta oportunidad tres personas se le quedaron mirando.

La tercera vez, estas tres personas se levantaron con cierta inseguridad. Ya estaban levantándose cuatro de las diez personas presentes en la sala.

Para sorpresa nuestra, a la sexta vez que la alarma se accionó, TODA la sala se puso en pie hasta que se desactivo la sirena.

No conformes con esto, mantuvimos el experimento. El

tiempo fue pasando y la gente dentro de la sala fue rotando, algunos de los presentes ya habían sido atendidos y habían llegado nuevas personas a la sala de espera.

De pronto, sin prácticamente habernos dado cuenta, todas las personas que se encontraban en la sala eran nuevos. No habían estado presentes en el inicio del experimento. ¿Y sabes qué fue lo más impresionante?

¡Que TODOS se levantaban al escuchar la sirena sin saber ni siquiera por qué!

¿Cómo se logra generar tanta influencia sin apenas percibirla?

Se acuña este efecto a la necesidad humana de encajar en la sociedad o en el entorno en el que se encuentra.

Un poco parecido a la teoría de la selección natural donde el que no es capaz de adaptarse se extingue, y claro, ninguno de nosotros quiere extinguirse, por lo que adaptarse al hecho de levantarse cada vez que se escuchaba la sirena no era nada descabellado —aunque nadie lo entendiera.

Si esto es posible de hacer —y te invito a que lo pongas a prueba si no me crees—, ¿cuán manipulables podemos llegar a ser en nuestros días cotidianos?

Es por ello que juega un papel importante el tener las mejores influencias posibles, para que, en lugar de dejarnos llevar por la corriente, de hacer las cosas porque lo hace todo el mundo, seamos capaces de pararnos a preguntar "¿Por qué hacemos esto?".

Tener esta capacidad de discernimiento no es nada sencilla y, mucho menos en estos días cuando a cualquier persona que se salga de la multitud es tan fácil de señalar detrás de una cuenta anónima en las redes sociales.

Se necesita práctica y confianza.

Se necesita un entorno que te estimule a hacerlo y te premie por ello, por cuestionar las cosas y no darlas por sentado. De lo contrario, lo más probable es que termines por llenar tu cabeza con los comentarios de otras mentes vacías.

Porque tú decides con quién quieres lavarte el cerebro, si con la persona que te regaña y te dice que no seas curioso, o con la que te promueve tus inquietudes para encontrar respuestas.

Con uno o con otro te vas a hacer un lavado de cabeza.

Porque somos pizarras vacías que necesitan ser llenados con conocimiento y ese conocimiento tiene que venir de algún lado.

Entonces, si tienes que dejar que alguien te influencie:

¿Tendría sentido hacerlo con aquellas personas que te dicen que no puedes?

En caso de que digas que sí, de acuerdo.

Pruébalo y mira que tal te va. Siempre estarás a tiempo de cambiarte de equipo y probar lo que se siente que te den una palmada en la espalda mientras te dicen:

—"La próxima vez sí lo conseguiremos".

¿Entiendes la diferencia?

No se trata si te dejas influenciar o no, se trata de que conociendo que es una necesidad y que has de hacerlo, que DECIDAS con quién lo harás.

Al final, va enlazado con el capítulo anterior cuando hablábamos de la preparación. Es un paso para prepararse de una manera óptima.

Los deportistas de élite buscan a los mejores preparadores para sus competiciones, ¿por qué no hacer lo mismo nosotros?

Finalmente, la última reflexión que quiero hacer en este capítulo es con la pregunta que se comenzó el mismo, ¿Y si tan solo fuera verdad?

Imagínate por un momento que tengo razón —aunque no la tuviese—, imagina que me crees a ciegas, de la misma manera que las personas de la sala de espera creían que tenían que levantarse al escuchar la sirena sonando.

¿Cómo actuarías si fuese verdad?

Seguro te pararías diferente, más erguido y recto.

A lo mejor, hasta caminarías con otro ritmo, un ritmo más rápido y firme.

Quizás, te levantarías por las mañanas con un optimismo, sabiendo que hoy será un gran día y que queda un día menos para que tus ojos vean lo que tu mente algún día pensó.

Ahora, piensa por un momento que aunque no tuviera razón, el efecto en tu vida sería completamente positivo e instantáneo.

Aun si yo no tuviese la razón, lograría que fueras mejor al darte más confianza personal. Y esto se traduce en que, si eres mejor, tienes más oportunidades de convertir en realidad tus metas.

Por lo que terminaría teniendo razón.

¿Te cuesta creerme? Lo entiendo, pero, ¿qué es lo peor que puede pasar si me creyeras y actuaras en consecuencia a ello?

¿Valdría la pena para ti el riesgo de creerme a cambio de tener más probabilidades de ser un *Ganador*?

Capítulo 4

El mayor riesgo de todos

¿Te has preguntado alguna vez cuál será el riesgo más grande del mundo? No sé, las respuestas pueden ser bastante diversas: Lanzarse de paracaídas, cruzar descalzo un camino de cenizas ardiendo, comer el chile más picante.

¿Cuál sería tu respuesta?

Para mí, el mayor riesgo del mundo es no correr ninguno.

Imaginemos una vida que no asume ningún riesgo porque no quiere fallar. ¿Alguna vez has visto a alguien que no quiere cambiarse de trabajo porque no sabe si conseguirá otro?

Seguramente lo hayas visto, suelen excusarse con la siguiente frase: "Mejor mal conocido, que bueno por conocer".

¡Wow! O sea, están reconociendo que no están bien y, con todo y eso, deciden seguir allí. Es lo mismo que estar sentado en una silla con púas y decir:

—"Me pinchan las púas, pero, bueno, al menos estoy sentado".

¿No tendría mucho sentido, cierto?

Lo lógico en ese caso es que la persona se levante y busque otro asiento que esté acolchado.

Por ello, una vida que no asuma riesgos y que se quede la totalidad de sus años de su vida en la misma ciudad, compartiendo con las mismas personas, haciendo exactamente lo mismo, un día, y el otro también, es una vida que no ha sido vivida, sino sobrevivida.

A menos que esa vida le llene a esa persona.

Si me dices que tienes que trabajar porque necesitas comer, entonces te estás refiriendo a que vives para trabajar para poder comer.

Resumiendo que el objetivo último por el que sigues vivo es para comer.

—¿Ese es el sentido que le quieres dar a tu vida?

Vamos a ver si te lo puedo explicar mejor.

—¿Eres consciente de la probabilidad que existe de que tú estés en este mundo?

Hagamos un cálculo rápido:

—¿Cuántas generaciones han existido antes que tú? Es decir, ¿cuántas generaciones encima de ti han existido?

—¿Cuántas personas existían en cada una de las generaciones?

Quiero decir, si la mezcla no se hacía de la forma como se ha producido, tan sólo en una de las combinaciones ascendentes, el resultado no hubieses sido tú.

—¿Cuántas relaciones sexuales han tenido tus antepasados?

Porque en cada relación sexual que hayan tenido había una posibilidad de que naciera otra persona.

—¿Cuántos espermatozoides hay en cada eyaculación?

Cada uno sería un individuo diferente.

—¿Cuántos óvulos podrían haber fecundado en ese momento?

Ahora bien, multiplica todo eso porque para cada generación las tres últimas preguntas son exponenciales.

Te dejo de tarea realizar el cálculo para que pueda darte una noción de que tú no puedes ser resultado exclusivo de la evolución, sin más.

¡Qué ilógico haber sido producto de semejanza combinación maestra, tan ridículamente probable, para terminar, viviendo para pagar las facturas y comer!

—"No Roberto, es que eso no tiene nada que ver. Yo no soy buena/o para nada".

—¿No será que no eres buena en nada de lo que otras personas quieren que seas buena?

¡Cuidado con esto!

Se suele juzgar al pez por su habilidad de trepar árboles con la misma dureza con la que lo hace un mono.

El sistema está así, diseñado de esta manera tan injusta. El sistema quiere destruir la autoestima de los jóvenes haciéndoles creer que no son capaces y que no pueden valerse por sí mismos. Hacerlos dependientes de "Papá Estado".

Darles látigo por querer nadar en la piscina con sus aletas y no bajar frutos de la altura de los árboles, ¿por qué tendríamos que ser todos iguales?

¿Acaso ellos lo son? Por supuesto que no, pero también han sido adoctrinados de la misma forma.

¡Rompe la cadena!

Si tu hijo —o tú mismo— quiere hacer algo diferente a lo que está comúnmente catalogado como "normal", ¡deja que lo haga! ¿qué es lo peor que puede pasar? Nada.

Y si hablamos de ti, ¡Hazlo también! El efecto será el mismo.

¿Cuál es el mayor riesgo que puedes correr? ¿Que no ocurran las cosas como te lo esperas y tengas que volver con la cola entre las piernas?

Aja y qué.

Tú lo intentaste y lo volverás a intentar, lo tengo por seguro, hasta que lo consigas.

Mientras ellos se quedan allí burlándose tú estás trabajando por lo que deseas.

Lo mejor ocurre cuando lo logras y te vienen a dar una palmadita en la espalda mientras añaden:

—"Yo confié siempre en ti".

¡Déjalos! El riesgo lo asumiste tú.

Toma la recompensa para ti. Es tuya, te lo mereces por tu sacrificio, tu dedicación y tu tenacidad.

No es fruto de la casualidad que estés en ese punto porque tú cambiaste la vida cómoda por la incomodidad de la incertidumbre, incluso, llegaste a sentirte cómodo en medio de la incomodidad porque sabías que era momentáneo, era un paso que tenías que cumplir para llegar al otro lado.

Atravesar la tormenta nunca ha sido sencillo y tampoco lo será, pero, quedarse allí parado por miedo a morir en el camino es lo mismo que quedarte viendo la lluvia caer y dejando pasar el tiempo.

Al final, ambas personas morirán.

La única diferencia es que el que se queda parado ya sabe cuál será su destino.

Él se lo ha forjado estando quieto en el ciclo de levantarse, comer, trabajar, pagar las facturas y volver a empezar. Eso ya lo tienes asegurado, querido.

Llegó la hora de probar la otra alternativa:

Levantarte de la silla y emprender un nuevo camino.

¿Qué tal si sí funciona? ¿Te imaginas por un momento lo que sería tener un pelaje diferente a la de una vaca normal?

Imagina la escena donde todo el ganado se te quede viendo, preguntando de dónde ha salido semejante "espécimen raro".

¡Qué riesgo más grande el no tomar ninguno!

No me canso de repetirlo, si estás aquí con la probabilidad de 1 en 18 con 403.166 ceros detrás, lo que es lo mismo, el equivalente a todo este libro lleno de "0" detrás del 18 para poder llegar a escribir esta cantidad.

Si estás aquí, es porque tienes algo más importante que hacer que vivir para comer y poco más.

Piénsalo un momento: ¿Te comprarías un Ferrari para tenerlo abandonado en el garaje y no sacarlo a pasear jamás? Cómo pretendes entonces que la vida te ha puesto aquí, con tales capacidades, para pasar "agachado".

¿Ves la equivalencia?

Si vas a comprarte un Ferrari para tenerlo abandonado ni te hubieses planteado el comprarlo.

De la misma manera, la vida te ha puesto aquí para algo porque si no, no se hubiese molestado en darte la vida y se la hubiese dado a otro.

Y créeme, eres incalculablemente más valioso que un pinche Ferrari.

Espero que ahora vayamos ganando terreno en esto de asumir riesgos y de atreverse a ser diferentes.

Un ejercicio que practico constantemente es preguntarme:

¿Cuándo fue la última vez que hice algo por primera vez?

Te invito a que hagas lo mismo que yo y no permitas que la respuesta sea más de un mes.

Si aceptas este trato, te aseguro una vida llena de experiencias, no teniendo porqué ser todas buenas, pero si con una cantidad de vida abundante que de otra manera sería impensable.

Al fin y al cabo, he escuchado personas decir:

—"Ojalá tuviese más vidas"

¿Por qué quebrarse la cabeza si existe otra vida?

Ya tienes una ¡carajo!, ¿qué haces que no le sacas provecho a esta que SÍ que tienes y pasas lamentándote en qué habrá después de la muerte?

¿Para qué quieres más vidas?

Para estar en un ciclo permanente rutinario no es una respuesta que se gane el privilegio de otorgarle una segunda oportunidad.

Sin embargo, si te atreves a hacer cosas diferentes y vivir bajo tus propios términos, pongo las manos en el fuego, que tendrás más de una vida en sí misma. Yo soy un ejemplo de lo que te digo.

Yo no quiero otra vida, yo quiero vivir ésta al máximo. Ésta que tengo asegurada y que tengo ya, ¿para qué querer otra vida si con una bien vivida es suficiente?

Coge el teléfono y haz esa llamada que sabes que tienes que hacer pero que hasta ahora no te has atrevido porque tienes años sin saber de esa persona.

Inscríbete en el curso que siempre has querido de italiano pero que no te has dado la oportunidad queriendo engañarte que no tendrás el tiempo suficiente para poder estudiar.

¡Te las vas a apañar!

El cerebro, una vez que está metido en problemas, busca la manera para resolverlos.

¿Qué es lo peor que puede pasar? Que te quedes como estás. Eso ya lo sabes. Es momento de ir a por lo desconocido.

—"No sé si es el socio correcto para este negocio".

¿Y hasta cuando vas a esperar para saberlo? Decide si sí, o si no. Aventúrate.

—"Es que soy muy tímido, Roberto", y viste como se levantaba al frente de ti y cómo se marchaba sonriéndote mientras no te atreviste a hablarle.

¿Y si de esa sonrisa, hubiese salido un hola?

¿Y si de ese hola, hubiese salido un número de teléfono?

¿Y de ese número de teléfono un mensaje?

¿Y de ese grupo de mensajes, una cita?

¿Y de esas citas, un beso?

¿Y si de esos besos, una relación?

¿Y de esa relación, un noviazgo?

¿De ese noviazgo, un matrimonio?

¿Y de ese matrimonio, una familia?

¡Wow! Cuánto podemos perder en un segundo.

¿Cómo que no tenemos control sobre nuestro destino?

¿Cómo le llamas a eso?

Si le hubieses hablado a esa persona que te gustó, una familia. Ahora será otra. Destino cambiado.

Fórjatelo. Gánatelo.

¡Atrévete a saltar!

Capítulo 5

Abre el paracaídas que vamos en caída libre

¿**A**lguna vez has sentido la sensación de vacío? Esa de sentir que todo se sale de control, donde aparentemente andas en un precipicio cayendo y las alertas de impacto inminente retumban en tus oídos.

Esta sensación suele pasar cuando se rompe la zona de confort con tanta fuerza que parece que se haya saltado a otro plano cuántico.

¡Es espectacular!

Salir de tu comodidad sólo un poquito es una cosa, pero luego están las decisiones que generan un vuelco brutal en tu vida, donde sientes la sensación de andar literalmente volando.

Donde todo es desconocido e incierto.

Estas etapas de la vida, que todos vivimos al menos dos veces en nuestro pasar por aquí, son las que nos regeneran o transforman. Son puntos de inflexión que se pueden comparar si se toma una cuerda y se empieza a tensar hasta que llega el punto donde se rompe.

Que la cuerda se haya roto no significa que deje de ser útil o que sea malo, lo que significa que la cuerda "haya roto" es que nunca volverá a ser la misma otra vez.

Ha cambiado de estado de un instante a otro. Pasó de ser una cuerda entera a ser una cuerda en dos partes, en un abrir y cerrar de ojos.

Estos precipicios, nos enseñan algo muy valioso. Están en nuestras vidas con toda la intención posible.

Esa cosa tan importante que nos enseñan los "breakthrough" es que, cuando estamos descendiendo por el vacío y aparentemente todo está perdido, aquellos que tengan Fe descubrirán que para salvarse sólo tenían que abrir los brazos y extender sus alas.

Mientras unos caían aterrorizados, otros dijeron:

—"Si este es mi final, por lo menos voy a disfrutarlo", y al hacer esto se dieron cuenta que entre sus brazos había un par de alas portentosas capaces de alzarlos en vuelo.

Haciéndolos resurgir de entre las cenizas como un ave fénix.

Y es que es allí, en los puntos críticos, donde se diferenciará el que consiga despegar y el que termine de estrellarse con el suelo en caída libre.

Si analizamos la vida de las personas, una persona que ha crecido acostumbrada a tener que salir adelante, luchar por lo que quiere y buscar la manera para el hecho de poner comida sobre la mesa, tiene más herramientas de éxito que aquel que le ha venido todo de gratis en la vida.

Ahora bien, si esa persona que tiene las mejores herramientas no sabe que las tiene o no sabe bien cómo utilizarlas a su favor, el problema se deriva a otra parte. De esto hablaremos en mayor profundidad más adelante.

Volviendo al tema que nos acarrea: ¡estamos en caída libre!

Tomaste la decisión de saltar sin tener todas las cosas claras, decidiste dejar a esa pareja tóxica que tanto te consumía de una vez por todas; decidiste empezar ese negocio en el que tienes más dudas que respuestas; dejaste ese trabajo que te estaba enfermando de estrés y ahora te encuentras desempleado y viendo cómo la cuenta bancaria día a día se va reduciendo sin ver que entre nada.

En otras palabras, eres un claro ejemplo de la frase:

"La vida cambia de la noche a la mañana"

El miedo invade tu cuerpo y apenas logras sostenerte en pie por ti mismo, no sabes si podrás salir airoso de esta en que te has metido porque no ves tu vida sin esa persona que, aunque fuera dañina para ti, la costumbre hace que le eches de menos y le excuses diciendo:

—"A lo mejor no era tan malo".

¡Hey! Tomaste la decisión correcta, ya estaba bien de seguir soportando tanto dolor y era la hora de darle un vuelco a tu vida. No te arrepientas por lo que has hecho.

Independientemente del caso que aplique para ti.

Cree, no en mis palabras, sino en el tiempo. El tiempo sanará tu corazón, te dará el conocimiento que necesitas para conseguir tus clientes o encontrar un mejor trabajo, donde te valoren.

El tiempo es capaz de hacer transformaciones que pensamos imposibles y que considerábamos que sólo podrían ser verdad en nuestra cabeza.

Sin embargo, el tiempo nos demuestra que, las cosas, como nosotros las habíamos pensado que se desencadenarían, no eran ciertas, no obstante, también es capaz de conseguir en nosotros el cambio necesario para que podamos caminar a través de las cenizas ardientes descalzos sin quemarnos.

¿Por qué es necesario caminar por el fuego?

Al caminar por el fuego, que significa caminar entre las dificultades amoldamos nuestro carácter y, sobre todo, nos enseña a tener Fe.

La Fe es un valor imprescindible en cualquier objetivo que te propongas.

La Fe será la única que pueda unir el presente con el futuro. Sin Fe, todo se muere, es más, sin Fe, nada comienza.

Sólo una persona con Fe será capaz de empezar un camino donde no se ve un final, confiando que no va sólo y que está por el camino correcto.

Sólo aquel que desarrolle una Fe profunda continuará picando la piedra de la cueva, aunque no se aprecie grieta aparente.

Sólo el que sea capaz de sumergirse en el agua con una seguridad aplastante atravesará ríos infestados de pirañas sin ser tocado por ellas.

Porque la Fe es la convicción de que el mañana será mejor que hoy, el certificado que garantiza que cada día que pasa estoy más cerca de llegar.

Cada persona necesita desarrollar este valor para poder triunfar y tener la vida que anhela. No hay atajos ni excepciones a esta regla, no se excluye a nadie. Desarrollar este valor por lo general se vincula con una religión y la realidad es que es un concepto mucho más profundo e importante que eso.

Aunque es cierto que una religión puede ser un catalizador para desarrollar una Fe mucho más fuerte, no tiene por qué ser necesariamente por medio de una religión el único camino para llevar a cabo esta tarea. Por otro lado, considero que te ayudará mucho en tu camino.

Es más, recomiendo que la primera etapa de un niño sea partícipe activo de una religión —los primeros 7 años de vida.

Esto ayudará a que en el "disco duro" y en el desarrollo de su personalidad esté incluido este valor, si consideras que tienes algún otro vehículo para alcanzar este objetivo, ¡excelente!

Como dice el refrán:

—"Todos los caminos llevan a Roma", y si tienes otro camino que te lleve a Roma, estaré encantado. Yo te hablo de lo que ha funcionado en mi vida.

Lo importante es inculcar el valor de la Fe y hacerlo parte de tu vida.

Fortalecer la confianza del pequeño y que sea capaz de convencerse al principio del curso escolar que aprobará todas las asignaturas con las mejores notas y que llegue a final de curso y verifique que lo ha cumplido.

En esta etapa de la vida, un ser humano que experimente episodios de "realización de sueños" lo marcará para siempre y aprenderá que en la vida, los sueños son para hacerlos realidad. Aprenderá a que tiene que luchar por lo que quiere pero que Sí, se puede.

Qué maravilloso sería que este tipo de cosas se aplicarán en la educación básica y obligatoria, pero, como esto no es así, estaremos nosotros para ayudar a que estas nuevas generaciones sea una generación sólida en la Fe.

Y puedes preguntarte:

—¿Roberto, pero Fe en qué, exactamente?

La respuesta es que tengan Fe en algo que sea lo suficientemente grande como en ellos mismos, en Dios, en la vida…

Una manera de ayudarles es poniendo retos donde los resultados estén "garantizados", que sepamos que van a ser capaces. No importa el tamaño del reto.

Lo importante es que en su cerebro reciba el mensaje que lo que un día pensaron, se transformó en una realidad.

Que lo sientan en lo más profundo de ellos mismos.

Por otro lado, ¿qué hago yo si ya no tengo esa edad, entonces? Aplicaría lo mismo, no es demasiado tarde como para aprender a tener Fe.

Así como has aprendido a practicar un nuevo deporte, a hablar un nuevo idioma o alguna habilidad imprescindible para tu trabajo actual, esto también se puede aprender y necesita de práctica.

Naturalmente, se piensa que la Fe viene de fábrica con la persona, es decir, o se tiene o no se tiene.

La verdad es que la Fe, es como cualquier habilidad aprendida en la vida que necesita ejercitarse. Así como los músculos necesitan ejercitarse continuamente, con los valores ocurre lo mismo y, sobre todo, con la Fe.

Enséñate a tener confianza profunda del resultado. Estate seguro que lo conseguirás, así como has hecho en tantas ocasiones anteriores. Ahí está la clave.

¿Cuántas veces has sido capaz de salir de los problemas en los que te has metido?

¿Cuántas veces conseguiste aquello que deseabas con tanta fuerza?

Recuerda aquellos momentos de soltarlo todo y ponerlo en manos de tu Dios y ver que todo se puso en orden para alcanzar lo que habías pedido. Todos estos escenarios te fortalecerán como ser humano y harán de ello un efecto compuesto.

Tus súplicas son escuchadas y tus planes escritos. Sólo se necesita el tiempo para que se ejecuten de la manera correcta.

Es como un acuerdo, donde hay dos partes:

La primera eres tú y la segunda la vida.

Tú necesitas comprometerte que cumplirás tu parte, sea cual sea el costo, y la vida hará su parte, lo hace constantemente.

En todo momento.

Capítulo 6

Es curioso, ¿verdad?

Si te pido que definas alguna de las cualidades de los niños, estoy seguro que no tardarías demasiado en nombrar: "Curiosidad". ¿Verdad?

A lo mejor lo has categorizado como "preguntones", "inquietos" o cualquier otro sinónimo, pero, al final, todas estas palabras esconden el mismo fondo:

El niño es una "máquina" nueva con ganas de llenar su software de conocimiento, una esponja nueva con ganas de absorber todo el aprendizaje que puedan en el menor tiempo posible.

Los niños son curiosos por naturaleza y tienen que ser así para poder crecer.

El problema no está en el niño que pregunta una vez tras otra el ¿por qué? de las cosas, el problema tampoco está en el padre que se agobia ante la insistencia del niño por querer aprender.

El verdadero problema radica en la capacidad atrofiada del adulto de tener hambre por el conocimiento, así como la del pequeño.

Esto es diferente.

¿Por qué consideramos normal que el niño sea "preguntón" pero un adulto no?

¿Acaso una persona a partir de cierta edad firma un acta que le prohíbe seguir preguntando? De momento, yo no he tenido que firmar nada, ¿y tú?

¿Qué pasa, te da vergüenza no saber algo que parece "obvio"?

Muy bien, entonces prefieres ser ignorante toda tu vida por omisión de conocimiento que ser ignorante sólo 2 minutos hasta que te lo expliquen.

La curiosidad y las ganas de aprender se van perdiendo a medida que la persona se va asentando en su profesión, llegando a una zona de comodidad de terminología, aplicativa y tecnicismos.

Para muestra un botón:

Si no te dedicas al ámbito jurídico, ve y consigue un ordenamiento de un juez, intenta leerlo y entenderlo a la primera.

Si eres jurista, busca un artículo médico y haz la misma prueba.

Por supuesto, si eres médico busca los resultados del último ejercicio de tu banco.

Cada mundo profesional tiene su propio diccionario y si no estás habituado a ello, te sonará todo a lengua extranjera —por no decir a chino.

¿Tenemos que saber todos los vocablos de cada mundo profesional?

Por supuesto que no. Bastaría más.

Lo que quiero hacerte entender es que hay muchas cosas que se siguen escapando de nuestra área de conocimiento, mientras que parece que a partir de cierta edad se nos prohíbe tener la capacidad de seguir aprendiendo o preguntando.

Si este no es tu caso, estaré encantado de que sea así y te animo a que sigas con la misma dinámica porque es el único camino para continuar creciendo de manera constante, pero, esto no es lo común.

Conozco a muchas personas que se niegan a salir de donde están o simplemente no consideran que sea necesario invertir tiempo en aprender algo nuevo.

Por otro lado, un beneficio secundario, pero muy a tener en cuenta, es que al aprender cosas nuevas el cerebro se mantiene activo, traduciendo esto en salud para ti y una calidad de vida mucho mejor en el largo plazo.

Además, el aprendizaje te entrega una llave mágica llamada *ilusión*, ¿verdad que sí?

Cuando estamos aprendiendo algo nuevo y sentimos que estamos creciendo, recuperamos la ilusión que teníamos de niños y empezábamos a andar en la bicicleta sin las "rueditas" de apoyo o sin que nadie tuviese que sujetarnos la espalda para evitar caernos.

La misma ilusión que sientes después de invertir muchas horas de práctica en esa canción que estuviste ensayando y que te salió espectacular en la presentación; o la jugada que tu equipo de futbol estuvo preparando durante toda la semana y en el juego del fin de semana dio resultado, marcando el gol de la victoria.

Con el aprendizaje hay diferentes facetas y esto también es importante de recalcar.

No todo es maravilloso y de eso eres consciente.

Tuviste que caerte muchas veces de aquella bicicleta y rasparte las rodillas más de una vez hasta que pudiste ir sin ayuda.

Ya lo dijo Muhammad Ali:

"Odié cada minuto de entrenamiento, pero dije 'No renuncies. Sufre ahora y vive el resto de tu vida como un campeón"

Amén.

Capítulo 7

De lo que habla la boca rebosa el corazón

En una oportunidad escuché que, bajo las circunstancias de estrés, nuestra verdadera identidad sale a la luz. De la misma manera que si se exprime una naranja se obtiene zumo de naranja y no un zumo de cualquier otra fruta, ¿no es cierto?

Resultaría bastante extraño si ese fuese el caso, la verdad.

A partir de entonces, aprendí la importancia de saber filtrar lo que dejo formar parte de mí y lo que no, incluyendo la comida, en definitiva, también en función de nuestra alimentación se verá reflejado nuestro carácter, pero, esto lo veremos más adelante.

El propósito de este capítulo es que seas capaz de llegar a la misma conclusión y conocer la importancia del filtrado en tu vida, permíteme que te explique.

Tú estás formado por una mezcla de estas tres cargas: una carga genética, una carga social y una carga introspectiva.

La primera de ellas, te viene dada de fábrica, es decir, es la base con la que empiezas en este mundo que está compuesto por el ADN y toda la herencia que adquieres de tus padres y tu familia.

La segunda, empieza a tener importancia con el tiempo, a medida que vas compartiendo con otras personas y a medida que vas creando tu círculo de amigos, conocidos o personas de influencia para ti.

La tercera, se refiere a todas aquellas experiencias que vas acumulando y, más allá de las experiencias, lo más importante son las conclusiones que obtienes a partir de ellas.

A partir de ahora, vamos a profundizar en la segunda y en la tercera, ya que son las dos en las que puedes tener más control.

LA CARGA SOCIAL

Al nacer, además de heredar toda la carga genética que ya se ha comentado anteriormente, también heredas a tus padres como tal y, con ello, todo el mundo en el que ellos se desenvuelven.

¿Qué quiero decir con esto?

Sin tener que haber decidido nada, estarás plantado en un

punto del planeta y en una ciudad de tu país, pudiendo ser esta zona próspera o no, segura o no, positiva o no.

Por lo tanto, en los primeros años de tu vida, tendrás una influencia impuesta de tus padres y también del sector en el que ellos se desenvuelvan.

¿Por qué es esto importante?

Para entenderlo, pensemos de la siguiente manera: tienes unos cuantos rotuladores en tu mano y en frente de ti, un pizarrón en blanco.

Tienes absoluta libertad de hacer lo que quieras con ello, pero tienes que rellenarla con algo.

¿Qué le pondrías? Algunas personas harían un dibujo, otras escribirían un texto y quizás algunos decidirían resolver un problema de matemáticas.

Al finalizar, se observaría que, a pesar de que el estado inicial de los pizarrones era el mismo para todos, la diferencia entre cada uno de ellos sería tal que poco tendría que ver un resultado con el otro.

Es ahí donde el entorno genera un factor fundamental dentro de nuestras vidas porque en el momento de nuestro nacimiento llegamos como auténticos pizarrones en blanco; esponjas con ganas de absorber cualquier cosa que nos pongan al frente, sin tener la capacidad de valorar si es bueno o malo lo que estamos aprendiendo, ya que no poseemos discernimiento.

El discernimiento es una cualidad que se aprende con la comparación y para poder comparar necesitamos otro modelo diferente que el que tenemos. Si estamos en blanco y apenas empezamos a vivir, no tenemos información suficiente como para poder hacer esto.

A medida que nos hacemos mayores, nuestro poder de decidir si queremos permanecer dentro del mismo círculo de influencia o, por el contrario, cambiar de sociedad, aumenta. Sin embargo, no todas las personas son capaces de tomar la decisión por la siguiente carga que veremos a continuación, la carga introspectiva.

LA CARGA INTROSPECTIVA

Esta identidad que se va creando bajo el efecto de la repetición prolongada en el tiempo es lo que conocemos como hábitos.

¿Alguna vez te has cuestionado qué calidad tienen tus hábitos? ¿si son buenos hábitos o malos?

Por lo general, no solemos detenernos a pensar en ello y no es nuestra culpa, se supone que en el ambiente que nos rodeamos se tienen las mismas características y todo lo que pensamos, decimos o hacemos, es considerado como "normal" en nuestro entorno.

La magia ocurre cuando una persona del grupo se ve forzada a cambiar de tribu, considerando la palabra "tribu" como el entorno en el que se frecuenta, y a donde llega se da cuenta que las cosas no funcionan como en su antiguo hogar.

En este nuevo lugar existen reglas diferentes y una forma de vida en la que no está acostumbrado y se le presentan dos opciones: adaptarse o devolverse a donde estaba.

Si esa persona decide adaptarse tendrá que poner en cuestionamiento cosas que consideraba básicas como la hora a la que hay que comer o la hora en la que hay que acostarse, porque el ritmo de vida ya no es de 6:00 a 15:00 como estaba acostumbrado sino de 9:00 a 18:00.

Detalles que en su anterior vida ni se percataba, ahora tiene que valorar si tomar las nuevas costumbres o tratar de imponer las suyas mientras está jugando de visitante.

Bajo esta desventaja, lo más seguro es que termine por cambiar su forma de pensar y adquirir los nuevos hábitos.

Ahora bien, el ejemplo sobre el cambio en la hora de la comida es un algo superficial, lo he hecho así porque es muy notorio y, si te has mudado de región o de país, puede que hasta lo hayas vivido y sea fácil para ti entenderlo.

No obstante, los cambios que son aparentemente invisibles son los que importan para efectos de este libro.

Resulta que han pasado varios años y esta persona vuelve a su antigua tribu y, tras reunirse con sus amigos de toda la vida, se da cuenta que no encaja, algo no se siente igual.

Mientras ellos siguen haciendo las cosas "como siempre", sin cuestionarse, esta persona ha tenido que aprender a ver las cosas desde otra óptica.

¡Qué increíble! ¿No te parece?

Tanto es así, que intenta comentarles a sus amigos la opción de que puedan cambiar la forma de ver su día a día, y aunque no parece dar buenos resultados al verle la cara de desconcierto a sus antiguos compañeros, él sigue intentándolo, pero no consigue que dejen de verle como si lo que dice fuera una locura.

Finalmente, decide darse por vencido y regresa a la otra ciudad dejándolos a ellos atrás.

La pregunta es:

¿Por qué cambió esta persona y ellos no?

¿Es porque él se vio obligado a cambiar? No.

En verdad, en aquel momento en el que se mudó tuvo dos opciones y pudo haber elegido regresarse a su ciudad, pero decidió quedarse, y decidió cambiar. En definitiva, cambió porque quiso cambiar.

Asumiendo esto, quiero que pienses que las ciudades son tus patrones de comportamiento, tu forma de pensar.

Así como tú, cada uno de nosotros tenemos nuestra forma de hacer las cosas, nuestra manera de caminar, de vestir, pero, también de pensar, de razonar y de interpretar.

En función de tus patrones, generarás unos efectos u otros con el mismo estímulo.

Esto queda demostrado cuando dos personas, observando el mismo partido de fútbol, unos generan emociones de rabia y otros de placer con el mismo gol.

Ahora bien, ¿cómo podemos transformar un patrón en otro? De la misma manera que en el caso de la historia:

Decidiendo cambiarlos.

Si bien es cierto que, a algunas personas se les hace más fácil porque ya se han criado dentro de esa forma de pensar y para ellos es natural, o porque se han visto obligados a cambiar por alguna causa extrema, siempre queda la alternativa de tener la mente lo suficientemente abierta como para escuchar a esa persona que te aconseja y no hacer oídos sordos, como lo hicieron los amigos de nuestra historia.

Dentro de una sociedad que lucha constantemente para amoldarnos a lo que ella quiere y no a lo que nosotros queremos, es muy difícil sacar nuestra verdadera identidad. Esto puede generarnos ansiedad.

Una frustración de sentirnos incomprendidos cuando queremos vestirnos de cierta manera que "no está bien vista por la sociedad".

Querer estudiar arte o poesía en una época donde abundan los ingenieros no es descabellado, incluso, es necesario.

Lamentándolo mucho, hay profesiones que las estamos perdiendo por la estandarización, porque quieren meternos a todos dentro de la misma caja desde que tenemos 4 años y empezamos a ir al colegio.

¿Dónde están los artistas?

¿Es que acaso desapareció la creatividad del planeta tierra en el acto?

La belleza de la expresión incomprendida.

La liberación de los oprimidos por no querer "defraudar" a la sociedad, porque lo que les apasiona no está bien remunerado, según las tabulaciones.

Este es uno de los ejemplos que puedo citar.

Piensa en tu vida, ¿te has sentido presionado por tus padres para escoger la carrera que estudiaste porque ellos querían que fueras lo mismo que ellos?

Para seguir la tradición familiar a cambio de negarte a ti.

Para concluir, y con lo que me gustaría que te quedases, es que, a pesar de estar rodeado en una sociedad que no tiene la forma de pensar que necesitas para alcanzar lo que quieres, tienes la opción de mudarte literalmente o de buscar rodearte de personas que piensen de la manera que quieres adquirir, pudiendo ser una convivencia física o virtual.

Hoy en día ya no es necesario estar en el mismo espacio para que una persona tenga una influencia positiva sobre ti. Puedes tener a los mejores mentores del mundo en la palma de la mano cuando los sigues por las redes sociales o cuando compras algunos de sus libros, cursos, etc.

Es posible que necesites un mayor esfuerzo al principio, pero, es el precio que tendrás que asumir para poder alcanzar tus metas.

Capítulo 8

Agradece lo poco para tener lo mucho

¿Te has preguntado alguna vez en qué se diferencia una persona exitosa de una que no lo es? No son los coches que acumula, ni las casas, tampoco tiene nada que ver con el dinero, ni el poder que pueda imponer en la sociedad en la que vive.

Una persona es exitosa en el momento que tiene cuanto necesita para ser feliz.

No hay fórmula mágica, ni una cantidad de dinero mínima para empezar a ser exitoso; tú marcarás la pauta y, lo importante, es que tú seas tu propia competencia.

Que te centres en ti, sin mirar a los lados comparándote con el que te acompaña. Esto no va de eso.

Ahora bien, esto no tiene nada que ver con ser conformista y quedarte con lo que tienes sin más. A lo que me refiero es precisamente lo contrario, como dice el título de este capítulo.

Serás grande y sobre ti recaerá abundancia de salud, de amor y de dinero.

Sin embargo, la vida te pondrá a prueba. Una tras otra, sin parar.

Intentando engañarte de que no lo podrás conseguir. Intentando desanimarte y tumbarte al suelo. Enseñándote la zanahoria para quitártela en el momento que estés a punto de comerla con la boca abierta.

Morderás aire, te engañarán y perderás, una y otra vez.

Todo ello será parte de un proceso de resistencia en el que tu trabajo es seguir haciendo lo que sabes que tienes que hacer. Mantener la mente en las metas que te has trazado, pero volviendo al presente para no perder la noción de la realidad.

En definitiva, mientras estés caminando por el desierto, en medio de las pruebas que la vida te pone para verificar si eres apto o no para acceder a la abundancia, te estarán vigilando. No sólo de lo que haces, sino también de cómo reaccionas ante los hechos que te van ocurriendo.

Y hay algo que se escapa de todo: las reacciones internas. Esas que piensas que no son visibles y que puedes ocultar sin que nadie se entere, esas también las mira Dios.

¿Cómo reaccionas ante lo poco?

Seguramente haya fenómenos increíbles ocurriendo a tu alrededor que has perdido la consciencia de que están pasando.

Permíteme comenzar con el más simple de todos, la máquina que tienes dentro de tu caja torácica: el corazón.

Tu corazón está latiendo día y noche, unas 100.000 veces al día, sin importar tu estado de ánimo, sin importarle que tú te recuerdes de él. Es fiel a ti. Detente un momento para sentirlo y darle las gracias.

Hoy seguramente has abierto los ojos por la mañana y estás vivo, ¡eres un afortunado! Tienes tiempo aún en esta tierra. Toma un minuto para sentirte agradecido.

¿Has dormido hoy en un colchón? No quiero entrar en detalles, pero, sin duda hay muchas personas que no gozan de ese privilegio.

Quiero aprovechar este momento para contarte una anécdota que me sucedió a los pocos meses de mudarme a España:

Como bien sabes, soy venezolano y a los 16 años decidí mudarme buscando un mejor futuro. Ya sabemos cómo están las cosas por allí.

Así que, al llegar y empezar la universidad, había una asignatura en la que me matriculé que era francés porque me gusta esta lengua.

Los primeros días de clase, lo típico es presentarnos y, sobre todo, cuando hablamos de asignaturas de idiomas con más detalles. Por lo que fue imposible que surgiera el tema de dónde era y que hacía aquí.

Después de explicarlo, la profesora me preguntó por la situación en Venezuela y si realmente era tan crítica como la pintaban en la televisión. Estamos hablando del año 2014.

Yo repliqué que la situación era incluso peor de lo que se podía ver en la tele ya que todo lo tenían filtrado.

En esta conversación, surgió la pregunta si me gustaba España y, en concreto, Valencia. Yo dije que me encantaba, es una ciudad que además de ser súper bonita, tiene un clima que me recordaba a mi país.

Y la última pregunta que me hizo la profesora para cerrar el tema fue:

—¿Qué es lo que más valoras de aquí?, esperando que le dijera los monumentos, el nivel de vida o cualquiera de estas cosas.

Para su sorpresa, le respondí sin pensarlo:

—"Poder caminar por la noche sin miedo a ser robado".

El silencio se apoderó del aula. Lógico.

Esto era algo que los compañeros de clase asumían como normal, hasta que yo les hice caer en cuenta que era un privilegio del que gozaban.

Cosas tan cotidianas como caminar por la calle y subirte en un metro o en un autobús tranquilo. No tiene precio.

LA RECIPROCIDAD DEL FAVOR

Cuando haces algo y estás esperando una devolución, ¿cómo te sientes al ver que no te llega el pago de vuelta? Emocionalmente hablando. ¿Te sientes decepcionado, triste o furioso?

Sentirse decepcionado no tiene por qué ser malo, al fin y al cabo, una decepción es una sorpresa negativa que todos podemos experimentar.

El problema es que esa decepción, en esta situación, viene desencadenada por la espera de algo que no deberías estar esperando, ¿se entiende la diferencia?

Si por el contrario te sientes furioso, esto se debe a que consideras que es una obligación de la otra parte en tener que haber hecho el mismo gesto de cordialidad que tu tuviste con esa persona y, esto es aún más delicado.

Si hiciste algo con la idea de lo que recibirás de vuelta, no tuviste que haberte planteado ni siquiera el hacerlo porque estás siendo expuesto al interés, al retorno que tu imaginas que tendrán contigo y, lamento decirte, que en la mayoría de los casos saldrás perjudicado en estas situaciones.

Es por ese motivo que es mejor no hacerlo, no por ningún otro.

Cada persona es un mundo y tiene una manera de ver las cosas. No somos nadie para exigirle a la otra parte que haga algo por nosotros de manera voluntaria si no le nace, a menos que estemos hablando de un contrato donde ya se ha comprometido a hacerlo y ni eso, hay contratos que se rescinden y se incumplen.

Cada vez que vayas a hacerle un favor a una persona, hazlo desde la posición de no esperar nada a cambio y habrás abierto la puerta de la libertad emocional.

Es ese punto de tu vida desvincularás tus emociones de la otra persona y de lo que pueda hacer esa persona en el futuro por ti, lo cual no depende de ti en ninguna medida.

Te preguntarás, ¿qué tiene que ver todo este rollo que me andas contando con el agradecimiento?

Y mi respuesta es que tiene todo que ver: Es el epicentro.

En el momento que logras ser libre emocionalmente por no esperar nada de nadie y hacer las cosas desde el corazón, la gente percibirá que lo que estás haciendo sale desde dentro, que lo andas haciendo con gusto y eso se nota y gusta.

La gente de forma inconsciente sabe diferenciar entre una persona que te hace un favor por esperar algo a cambio o si se hace de forma desinteresada.

Y, curiosamente, este sexto sentido que tenemos los seres humanos suele tener una tasa de acierto bastante elevada. Solemos llamarlo "intuición".

Roberto, sigo sin ver la relación.

Continúo:

—Así como las personas sabrán que lo que andas haciendo viene con buenas intenciones, ellos se sentirán en deuda contigo y tendrán un mayor interés de ayudarte, de devolverte el favor que tu un día hiciste por ellos.

Sin tener que reprocharles nada, sin tener que exigir, sólo porque ellos sienten la necesidad de recompensarte.

En ese momento empezarás a recibir más y, como no estás esperando nada, cualquier mínima acción te será una sorpresa.

Te alegrarás al ver como había alguien preocupándose por ti sin tu saberlo.

Con esa emoción de estar sorprendido si le sumamos alegría, tenemos como resultado el agradecimiento.

—¿Me estás diciendo, Roberto, que el agradecimiento nace de nosotros, entonces?

—Totalmente.

Pero tengo otra noticia para ti.

Cuando empieces a aplicar lo que estas páginas te han explicado, pondrás en marcha una rueda imparable, que además crece con el tiempo. Es lo que se llama un círculo virtuoso.

Un círculo virtuoso es esa rueda con espiral positiva que cada vuelta que da se ensancha más y más.

Desencadenar una reacción de agradecimiento tras otro y, por el hecho de sentirte agradecido querer devolver el favor a otra persona que lo necesita, es una de las mejores obras que podemos llevar a cabo en esta vida.

Empezar desde los detalles más pequeños, una cortesía de dejarte pasar primero, por ejemplo; de escuchar lo que dices y comprenderte.

Hay tantas cosas que podemos agradecer en nuestro día a día como las que hemos mencionado en la primera parte de este capítulo y que solemos considerar normales.

Para nosotros es muy sencillo comprender cómo funcionan las cosas entre dos personas, es por ello que quiero hacerte la siguiente reflexión y me respondas con sinceridad:

Supongamos el caso que eres padre/madre y tienes un hijo pequeño. Lo amas y de eso no cabe la menor duda, ha salido de tus entrañas, de lo más profundo de ti y has dado vida a ese ser.

Ahora, ese pequeño te exige que le compres el último juguete que acaba de salir al mercado. Tú aprovechas que estamos cerca de su cumpleaños y planeas regalarle el juguete que tanto desea.

Con esfuerzo, consigues comprar el mejor juguete, el más bonito.

Cuando llega el día de su cumpleaños, se lo entregas con toda la ilusión y el sacrificio que esa compra te ha supuesto, pero, en el momento que el pequeño lo abre, lo mira y se queda parado.

Tu ante la incertidumbre de qué es lo que está ocurriendo le preguntas:

—¿Qué pasa?

Y te responde:

—¿Sólo me vas a regalar esto? Si es así entonces ya no quiero este juguete.

¿Cómo te sentirías?

Seguramente bastante decepcionado e incluso enojado.

Puedes incluso pensar en no querer regalarle nada más por desagradecido, por no saber valorar lo que habías hecho con tanta ilusión, no merece ser consentido nunca jamás.

¿Es esto lo que piensas?

Si esto es así, sigue leyendo —y si no también.

El tiempo pasa y, lógicamente, se te ha olvidado este acontecimiento. Le has perdonado y el tiempo ha seguido pasando.

Ahora el pequeño, ya no es tan pequeño y tiene 15 años. Es un adolescente en sus más grandes apogeos.

A esta edad empieza a pedirte permisos para salir los fines de semana con los amigos y, en una de esas noches, te pide que le dejes llevarse el coche.

Sin saber conducir y sin haberlo manejado ni un solo día.

¿Qué harías, se lo dejarías? Probablemente no porque sería una completa locura.

¡Si no sabe conducir y apenas tiene 15 años!

Intentas explicarle que no puedes dejárselo porque aún es muy joven y no está preparado para ello, pero él se encapricha y empieza a pedirte que, por favor, se lo dejes.

Tú no te dejas seducir porque sabes que sería irresponsable por tu parte darle esa responsabilidad a tu hijo cuando no podrá llevar la situación.

Ante tu posición firme, empieza a llorar y decide que no va a salir.

Empieza a hacer berrinches y te dice que no le quieres y por eso no le dejas salir con el coche, te dice que eres lo peor de este mundo y que ya no te ama por lo que acabas de hacer.

¿Sabes qué? Dice que se va a ir de la casa a un lugar donde le dejen hacer lo que quiera.

Mientras tú, por dentro sabes que estás haciendo lo mejor para él, aunque no sea capaz de verlo; por fuera puedes sentirte triste y cuestionarte lo que estás haciendo.

Con el tiempo, le empiezas a enseñar a conducir y le enseñas cómo cambiar de marchas, cómo llevar el volante y la importancia de ajustar los espejos.

Tu hijo empieza a darse cuenta que la cosa no era "tirar hacia adelante y ya está", sino que era más complejo de lo que pensaba.

En una de esas, en medio de una práctica, detiene el coche y te dice:

—¿Recuerdas aquella noche que lloré y te culpé por no haberme dejado salir con el coche cuando tenía 15 años? Gracias por no haberme dejado salir. Te amo.

Con el paso del tiempo tu hijo aprendió la importancia del proceso y aprendió a agradecer lo que en su momento pensaba que era un castigo.

Tú no tuviste que hacer nada, él se dio cuenta por sí mismo.

Muy bien, ahora quiero que escuches la historia, pero con otros personajes, en esta ocasión quiero que tú te pongas en la posición del hijo y pongas en la posición del padre a Dios.

¿Habría alguna diferencia con estos nuevos personajes?

Déjame desarrollar la historia de nuevo a ver las semejanzas:

La vida te preparó con todo el cariño y con toda la ilusión del mundo, te puso aquí y te dio no solo un juguete sino la oportunidad de vivir.

Sin embargo, no paran de resonar tus quejas de que no eres lo suficientemente inteligente, alto, flaco, deportista y la lista puede seguir.

¿Recuerdas lo que sentiste cuando tú eras el papá y tu hijo había despreciado el regalo? Es la misma situación.

Por otro lado, a medida que ibas creciendo, ibas pidiendo otras cosas que, a lo mejor en su momento no estabas preparado para tener, pedías un mejor trabajo, pero no tenías los conocimientos; una casa más grande pero no tenías los ingresos para poder mantenerla; o cualquiera que fuese el caso.

Aquí la importancia está en el proceso de preparación, de la misma manera que llevaste a tu hijo a clases para aprender a conducir.

Tampoco podemos olvidarnos de aquella noche que tu

hijo quería salir con el coche cuando no estaba preparado para ello y tuviste que decirle que no, y no por ello era que no lo querías, sabías lo que era mejor para él en ese momento.

¿Acaso Dios no sabe lo que es mejor para ti?

Por supuesto que lo sabe y es capaz de contemplar muchas más cosas que nosotros no estamos teniendo en cuenta para lo que pedimos. Sin embargo, nos encaprichamos y derivamos a frustrarnos, llorando y diciéndole que ya no le queremos, que nos queremos ir de su presencia.

¿Por qué en el caso del padre e hijo es tan fácil de entender y en el segundo caso nos cuesta más?

Porque pensamos que la cosa funciona diferente o porque nos creemos con más derecho que cualquiera, pero, lamento decirte que funcionan de la misma manera.

La relación que puedas tener con un prójimo tiene los mismos vínculos que la que puedes tener con Dios, La Vida o como quieras llamarle.

Y de la misma manera que a medida que tu hijo fue agradeciéndote las cosas que hacías por él, fuiste teniendo más ganas de querer ayudarle y darle todo lo que tenías, de la misma manera Dios te entregará todo cuanto tenga, a medida que te lo ganes y lo agradezcas.

Dios te bendice y te acompaña cada momento de tu vida, aunque tú no lo sepas.

Capítulo 9

Como la lluvia, así caerán las bendiciones

¿**A**lguna vez has apreciado la manera de caer de las gotas en medio de la lluvia? ¿Te has fijado que algunas veces caen un poco inclinadas y a veces un poco más rectas, dependiendo de la intensidad del viento? Independientemente de la forma como caigan, hay algo que ocurre el cien por ciento de las veces, la gota cae hacia abajo.

¡Qué obviedad! Estarás pensando.

Pues sí, la verdad es que es una obviedad, y también un fenómeno fabuloso dentro del ciclo de la naturaleza, que muchas veces pasamos por alto porque ya lo consideramos "normal" en nuestra vida.

¿Te imaginas por un momento que las gotas en lugar de caer al suelo, a mitad de camino se devolvieran hacia el cielo? Qué loco sería.

Es decir, que una vez que la gota sale de la nube no tiene alternativa alguna más que la de llegar al suelo, ¿no es cierto? Lo único que puede ocurrir es que la gota llegue un poco inclinada o recta, pero no podrá hacer otra cosa diferente a esto.

¿Por qué vemos tan lógico la caída del agua y nos cuesta tanto ser capaces de confiar que esta regla aplica para cualquier otra cosa en la vida?

Una vez que se te ha asignado una bendición, ¡no hay vuelta atrás!

Al igual que el agua de la lluvia, todos los dones y bendiciones que necesitas para triunfar, se derramarán encima de ti.

Porque van con tu nombre y apellido, cada gota lleva su dirección de entrega. Es personalizada esa gota. Ha sido hecha para ti con lo que necesitas para conseguir lo que quieres.

Ahora bien, ya me gustaría decirte que con esto basta y que al recibir estas bendiciones gozarás instantáneamente de toda la abundancia que algún día soñaste, pero esto tampoco funciona así.

Una cosa es recibir las bendiciones y otra, muy diferente, es ponerlas en práctica, desarrollarlas y llevarlas al máximo nivel.

Es en este punto donde la mayoría de las personas se confunden y piensan que algunos han sido "elegidos" por alguna fuerza divina y han recibido todo lo que querían sin tener que levantarse de la cama.

De acuerdo.

Hay casos en los que esto último sí que aplica, los hijos de reyes, por ejemplo.

Probablemente, ni tu ni yo cumplamos ese requisito y, por ende, como el resto de los mortales que se las tienen que buscar, se necesita explotar al máximo los dones que nos han sido otorgados para poder ver el fruto.

¿Estarías de acuerdo conmigo si te digo que hay personas que han surgido de la nada, sin la necesidad de ser el hijo de alguien importante o sin haber nacido con la vida "resuelta"?

Desde el punto de vista de lo que la sociedad considera "resuelta".

Espero que sí porque los ejemplos abundan y, sobre todo, en esta época de oportunidades en la que estamos viviendo.

Hoy más que nunca se ha democratizado las posibilidades de ser exitoso y de poder alcanzar cualquier cosa que te propongas gracias a la eliminación de barreras de información, de costes de alcance, etc.

En el momento que me encuentro escribiendo estas líneas, basta con tener una conexión a internet para preguntarle a Google algo que quieras aprender o, llevándolo a un nivel más allá, tienes a tu otro socio YouTube que te demostrará por medio de un video tutorial, paso a paso, cómo poder hacer esa tarea que nunca antes habías hecho.

¡Fabuloso!

Por si esto fuera poco, existe más aún.

La capacidad de transmitir tu idea de negocio a millones de personas puede hacerse con unos pocos miles de dólares cuando, hace apenas 15 años, la fórmula era exactamente la inversa, tenías que gastar millones de dólares para poder tener un alcance de miles de personas.

Esto sin duda, ha cambiado las reglas del juego para siempre. Y no creo que vaya a cambiar, a menos que sea para mejor con el paso del tiempo.

Y, a pesar de que la temática de este libro no sea el emprendimiento, considero que hay una estrecha relación con el desarrollo personal. Por el simple hecho de que una persona que se mejora a sí misma, en un porcentaje bastante elevado de las veces, esa persona tiene la ilusión de montar su propia empresa.

Nada más.

Ahora bien, todos los conocimientos que están impartidos son generales para exponencializar tu experiencia de vida y no exclusivos para emprendedores, así que independientemente de si tu sueño es montar una gran empresa o ser el mejor director, o incluso, el mejor padre/madre, todo esto aplica para ti.

Sácale provecho a esos programas de aprendizaje por Internet que tienes a tu disposición, invierte en ti y en tu conocimiento.

Será la mejor inversión que puedas hacer jamás.

Si a esta voluntad, se le añaden los dones y las bendiciones que has recibido, no cabe la menor duda que con el tiempo necesario, podrás recoger la cosecha de las semillas que fuiste sembrando.

¿Por qué digo "con el tiempo necesario"?

Porque el tiempo es el factor determinante en esta ecuación.

Permíteme que te ponga el siguiente ejemplo que seguro te permitirá comprender esto y que se te quede para el resto de tu vida:

¿Recuerdas alguna comida de tu abuela o de tu madre con especial cariño?

¿Qué haría la abuela para que ese guiso le quedara tan especial si no tenía ningún ingrediente especial? Pues sí, además de mucho amor, seguramente hacía la cocción a fuego lento, y poco a poco.

Eso hacía que cada uno de los ingredientes desprendiera todo su aroma, que el caldo espesara y cogiera un mejor sabor… ¿Resultado final? La mejor comida del mundo.

Si fuese otro horario, podría poner otro claro ejemplo donde hacer las cosas lento marcan la diferencia y hacen que la experiencia sea mejor, ¿no es cierto?

Sé que sabes a lo que me refiero si tienes un poco de experiencia en el amor.

Después de clarificar la importancia del tiempo para lograr la excelencia, espero que a partir de ahora consideres la importancia del proceso antes del resultado.

Un buen proceso te garantizará un buen resultado.

Habrá ocasiones donde observes, o seas tentado por una supuesta manera "rápida" de hacer dinero, de triunfar, de tener lo que deseas…

En fin, habrás encontrado este tipo de publicidades, como mínimo, una vez en tu vida en las redes sociales.

Escucharás supuestos casos de éxito y la tentación será más grande y el temor de que sea cierto y quedarte fuera de esta "maravillosa" oportunidad, también llamado FOMO, te remuerde la conciencia y dices:

—Bueno lo pruebo y si no resulta, por lo menos lo intenté.

¿Por qué no piensas de la misma manera a la hora de apostar por ti?

Volviendo al tema, si aguardas y observas, con el paso del tiempo (nuevamente) verás como lo que te prometían era puro humo y todo cayó bajo su propio peso.

Los refranes son pizcas de sabiduría condensadas a lo largo de los años y, por ello, existe uno que recita de la siguiente forma:

"Lo que fácil viene, fácil se va."

Todo tendrá un precio a pagar y tendrás que atravesarlo, creo que es uno de los mensajes que más estoy repitiendo a lo largo de los capítulos, pero quiero que esto quede lo más claro posible.

Asimismo, a pesar de tener que pagar el precio, también debo repetir que tu Fe se verá recompensada a lo largo del camino cuando empieces a cosechar.

Que tus ojos brillen y tu alma arda

Ocurre algo realmente especial desde el momento que se conecta lo que quieres hacer con lo que haces. Cuando lo que piensas es lo que dices y, finalmente, lo que haces, se alinea lo interno con lo externo. Dos mundos que empiezan a compartirse y a formar una unión que los termina convirtiendo en el mismo.

Sólo en este momento, y no lo olvides, sólo en ese momento se desata la chispa que encenderá una combustión dentro de tu alma y te hará arder como una antorcha viva.

Tus ojos brillarán, tu boca será fuego inapagable procedente de tus entrañas que están en explosión, como si de una detonación de una bomba se tratase.

Tener la oportunidad de vivir en este estado te hará sentir imparable, capaz de alcanzar cualquier objetivo que te propongas.

Serás un león persiguiendo a su presa, convencido en que será tuya. O, por qué no una presa que se da la vuelta y enfrenta al león haciéndolo retroceder.

Deja que arda tu alma, alinea tus actos junto a tus pensamientos, a tu vocación, a aquello que realmente te quita el sueño y que te hace olvidar, incluso de comer, porque esa actividad te alimenta de una forma sobrenatural, te llena y te sacia el alma.

Sabrás que estás en el lugar correcto cuando tengas sensación de que se te ha ido el apetito, pero, lo que realmente estará ocurriendo, es que estás alimentándote de una forma diferente.

¿Qué sería del mundo con una sola persona más que vive apasionada?

Creo que no somos conscientes del impacto que puede generar una sola persona que sea luz y antorcha propia.

Una única persona que esté encendida podrá despertar a una multitud, podrá encender a otras antorchas y generar una transformación en la vida de las personas que le rodean.

Seamos esa luz que se necesita hoy en día, que, en medio de la monotonía, se ha perdido.

Ser esa luz tiene una recompensa que no puede calcularse en niveles monetarios, levantar a una persona de un estado de somnolencia, generar a un nuevo líder que mejore la sociedad en la que vive, dime ¿cuánto vale eso?

¡Carajo!

¿Sabes qué? Permíteme decirte algo:

Estas líneas se están escribiendo en un Boeing 787 en un vuelo de 10 horas de duración, habiendo tenido una escala previa y horas de espera debido a la cancelación de mi primer vuelo.

Además, la madrugada aquí se ha hecho presente.

Estaba dispuesto a dormir, sin embargo, mientras intentaba descansar, apretado con los pasajeros que se encuentran a mi lado, decidí sacar mi ordenador y darle vida a los pensamientos que invadían mi mente.

Comenzando por el título de este capítulo.

Cada segundo de tu vida tienes la oportunidad de seguir lo ordinario o decidir hacer lo extra para salir de lo ordinario, en definitiva, esa es la definición de extraordinario.

Un campeón de boxeo dijo en una oportunidad:

<blockquote>"Yo solo empiezo a contar las flexiones a partir de que empiezan a doler."</blockquote>

No todo es como lo planificamos, las situaciones perfectas no existen. El momento perfecto lo creas tú, de manera voluntaria.

Fácil sería desistir y decir que mejor esperar a llegar a mi casa para ponerme a escribir, pero no, eso no es lo que hacen los campeones.

Por eso decidí ponerme manos a la obra y hacer de este asiento de *economy class* donde no puedo ni siquiera abrir completa la pantalla, mi momento perfecto.

Este es mi momento idóneo para escribir estas líneas. Ahora, ¿qué excusas te estás vendiendo tú para no hacer lo que tienes que hacer?

¿Acaso no te has dado cuenta ya que decir: "Cuando esté en mi casa lo hago" se termina convirtiendo en un nunca?

Quiero que te retumben mis palabras, y esta reflexión, cada vez que te plantees si hacer algo ahora o postergarlo para mañana, o para más tarde, de la misma forma que a mí me bombardea mi propia mente cuando la tentación me viene. Porque a mí también me ocurre al igual que a ti.

¿Cuánto lo deseas? Venga, sé sincero contigo.

Costará mucho tiempo, sacrificio y dolor, pero, si de verdad lo quieres tendrás que estar dispuesto a soportar el sufrimiento. Hacerte resistente a las adversidades y ser capaz de destruirlas.

Comienza por lidiar con tus adversidades internas, tus excusas y tu permisividad. Tendrás que adquirir la disciplina de un campeón para poder llegar a serlo.

Imagina cómo se transformaría la productividad de tu trabajo si, al igual que aquel campeón de boxeo, decidieras empezar a contar las llamadas a tus clientes potenciales a partir del momento que no quieres hacerlas.

Sería un crecimiento exponencial.

Cuando estoy en el gimnasio entrenando, hago eventualmente sesiones de fortaleza espiritual. ¿Qué es esto?

El músculo arde, el peso parece poder conmigo, pero no

se la voy a poner tan fácil. Tendrá que vencerme esta vez. Es como llegar al "fallo" del músculo pero de tu cabeza.

Después de llegar a las típicas diez repeticiones que tengo que hacer en la serie, me repito: Una más. Una más. Una más.

Así hasta empujarme al límite.

No busco fortalecer mis músculos en estos momentos, sino mi mentalidad. Demostrarme que puedo hacerlo. Que si me propongo algo, seré capaz de cumplirlo, por mis co*@nes.

Traslada el concepto de dar el extra a tu vida: Estudia veinte páginas del tema que va al examen pero empieza a contarlas desde que no quieras hacer más.

Observa cómo eres capaz de incrementar tu capacidad con el tiempo.

Puede que la primera vez que cojas el teléfono para hacer más llamadas nada ocurra.

Recuerda que si haces lo mismo que la competencia, serás como la competencia y eso no es lo que quieres, ¿no?

Inténtalo, una y otra, una y otra vez. Cuanto más lo intentes, más aprenderás y mejor desempeño tendrás.

Todo consiste en aplicar el método científico de innovación:

Ensayo y error.

Sólo que yo le añadiría un tercer factor que es el que hará la diferencia completa:

Ensayo, error y aprendizaje.

Sin este tercer factor en la ecuación no habrá éxito más que frustración y necedad.

Confío plenamente en tus capacidades, al igual que tú deberías hacerlo también.

Solemos sobreestimar nuestras capacidades a corto plazo, pero subestimamos nuestras capacidades en el largo plazo. Además, por otro lado, sobreestimamos los desafíos o, lo que es lo mismo, subestimamos nuestra capacidad resolutiva ante los problemas.

Cuando el cerebro humano se ve envuelto en una situación de vida o muerte, adivina qué es lo más probable que ocurra: que sobreviva. Está diseñado para ello.

Ahora bien, no me estoy refiriendo a que pongas en riesgo tu vida, ni quiero que se me malinterprete.

Lo que quiero decir es que, al asumir riesgos que son aparentemente más grandes que nosotros, nos llevamos la sorpresa de que podemos manejar la situación y salir victoriosos.

Te pongo un ejemplo: ¿Alguna vez en tu vida has tenido alguna época donde tienes el horario a reventar? Tienes miles de actividades, proyectos, responsabilidades y, no existe un hueco aparente en tu agenda. No conforme con ello, te las arreglas de tal forma que llegas a todo.

Al cabo de un tiempo, cuando todo vuelve a la normalidad, echas la vista hacia atrás y dices: "Wow, ¿cómo fui capaz de hacer todo eso?"

Te animo a que asumas nuevos desafíos que estén en consonancia con tus ideales, con tus valores más profundos y con tus pasiones. Si lo haces, no conocerás límites.

Te levantarás cada mañana con entusiasmo, encendido e ilusionado por lo que viene, a pesar de estar hasta arriba de actividades.

Aquí entra en juego otro concepto que es el de la productividad.

Conozco muchas personas que están todo el día haciendo cosas, supuestamente, pero al cabo del día, se preguntan qué han hecho.

No es lo mismo estar ocupado que ser productivo. Saber diferenciarlo y priorizar las actividades es determinante para terminar consiguiendo metas.

Tú puedes estar ocupado durante todo el día, pero si son con actividades que no contribuyen con tu objetivo final, de poco vale, ¿no es cierto?

Dicho de esta manera seguro que piensas que es lógico, y lo es.

El problema viene en la práctica porque en la teoría es todo muy bonito. Dejarte llevar por la inercia, por aquellas personas que te piden favores y no saber decir "no", muchas veces nos saturan y nos colapsan.

Nos quitan tiempo productivo para otras cosas y todo por no querer ser maleducados o bruscos.

Te recomiendo que evalúes tu productividad diaria y lleves un control de tus actividades y valores cuántas de ellas te acercan a lo que quieres, cuántas de ellas te llenan de satisfacción y cuántas de ellas te hacen arder.

Una vez lo tengas analizado, valora la opción de descartar todas aquellas que te distraen o no te aportan ningún avance hacia tus metas. Si te lo puedes permitir, subcontrata las otras actividades. Si no son críticas y son pasatiempos, valora el cambiar de hábitos.

Y en el caso de que alguna de esas actividades sea tu principal fuente de ingreso y no puedas desprenderte de ella de manera inmediata, traza un plan para que puedas prescindir de tu trabajo al cabo de un tiempo.

Nada mejor que la planificación, siempre y cuando no genere parálisis por sobre análisis.

Para vivir en un estado de alta vibración, no es necesario abandonar tu trabajo o irte al Himalaya, ni mucho menos. Recuerda, vivir en esas condiciones es una decisión personal.

Se trata de vivir de esta manera sin importar lo que estés haciendo, desde limpiar tu casa, como estar en el trabajo o en tu empresa.

Ahora bien, aquí hay un secreto que pocas veces se cuenta: El orden.

No me estoy refiriendo al orden de ser ordenado en tu habitación, en este caso, me refiero al orden que le has concedido a tus valores, el orden que tienen tus hábitos y el orden que le das a tus actos.

Esta ordenación se puede alterar, existen diferentes técnicas que son capaces de invertir el orden entre dos valores dentro de la clasificación que le has dado.

Sin embargo, en esta sección voy a limitarme a explicar cómo esto afecta al hecho de vivir con ilusión, pero primero te haré unas cuantas preguntas:

¿En qué posición se encuentra la Fe dentro de tu escala de valores?

¿Qué tiene más importancia para ti: la razón o la emocionalidad?

Ante un nuevo desafío: ¿Lo consideras posible o imposible?

Muy bien, sólo con leerlas ya sé que tu cerebro habrá intentado darle una respuesta a cada una de ellas. Por eso te recomiendo que le dediques el tiempo que sea necesario para responderlas y meditar sobre ellas.

En función de las respuestas que des sabrás en qué medida eres más o menos ilusionado.

Independientemente de si eres un optimista descabellado o un pesimista tétrico, quiero animarte, e insistir, en que esto es variable. Tú puedes alterar esto en tu vida.

Analicemos un poco la situación:

Imagina por un momento que, por encima de lo emocional, predomina la razón. ¿Crees que se podrá emprender un proyecto cuando lógicamente no se sabe el desencadenamiento del mismo? Difícilmente.

Por cierto, en el ámbito de equipo aprovecho para decir que en todos los equipos se necesita a una persona racional.

Una persona racional que pueda equilibrar la balanza en las reuniones ya que, si todos los miembros del equipo son predominados por las emociones, probablemente se tomen en cuenta los puntos favorables de una nueva idea sin pararse demasiado en los contras que estas contiene.

Volviendo al tema, y después de esta reflexión, debería surgir una pregunta:

¿Se puede ser racional y optimista a la vez?

Por supuesto que sí y es una combinación espectacular que te permite valorar las ideas tal cual son y, además, una vez lo has visto claro lanzarte a por ellas.

Date la oportunidad de ser un poco más abierto si es tu caso de que a todo le ves lo negativo. Júntate con personas diferentes a ti y generen sinergia entre ustedes.

Aprende a ilusionarte con nuevas ideas, apasiónate por la vida en sí misma sin ningún motivo aparente.

Apasiónate de la vida misma, de quién eres. Apasiónate de tus hobbies, de tu profesión.

Vive apasionado, que te brillen los ojos al hablar, aunque estés hablando del tráfico que había esta mañana cuando intentabas ir al trabajo y cómo gracias al atasco pudiste escuchar en la radio que había una conferencia en tu ciudad sobre el cultivo de bonsáis que tanto te gusta.

Aprende a sacar ventaja de los problemas, aprende a sacar aprendizaje de los fracasos, aunque suene a paradoja.

Aprende a ver la vida con otros binoculares al que estabas acostumbrado, independientemente del grupo en el que te encontraras antes.

Aprende a vivir la vida a tu manera, aprende a vivir bajo tus propios términos.

Aprende a hacer que tu alma arda y vuélvete fanático de vivir en un estado de gracia y, lo que es más importante, enseña con tu ejemplo que este tipo de vida es posible a los que no creen.

Capítulo 11

El alimento eterno

¿Qué te hace vibrar? No puedes no responder, necesitas una respuesta concreta.

Puede que hasta el día que estés leyendo esta página no lo hayas descubierto aún, pero, eso no significa que no exista nada que te haga desvelarte por las noches.

Permíteme planteártelo de otra manera que te será más fácil entender:

¿Te has trasnochado alguna vez hablando por teléfono con la persona que te gustaba porque las horas pasaron como si de segundos se tratasen?

Recuerda esa fase de enamoramiento, recuerda cómo te sentías por las mañanas y por las noches.

Si nunca te has enamorado, te pongo otro ejemplo:

¿Has estado comiendo mientras veías una serie, o incluso, haber dejado de comer porque le diste al botón de "comenzar nuevo capítulo" una y otra vez, perdiendo la noción del tiempo?

Probablemente te hayas identificado con alguno de estos ejemplos.

Caso contrario, traigo otro escenario al tablero:

Si eres mamá/papá, ¿te has tenido que trasnochar algún día o levantarte a las 3 de la mañana para alimentar a tu bebé y luego levantarte a las 7 para ir a trabajar?

Todos los casos que he citado tienen algunas cosas en común y aprovecharemos este espacio para reflexionar sobre ellas.

En primer lugar, todas generan una emoción fuerte dentro de nosotros. Por lo general se trata de amor —aunque en el caso del bebé que llora en la madrugada puedo entender otro tipo de emociones.

Estas fuertes emociones que experimentamos son desencadenantes químicos que nos inhiben las sensaciones físicas, como el hambre o el sueño.

Las emociones no tienen por qué ser positivas para generar estos efectos, es más, una persona cuando suele terminar con su pareja, muy probablemente pierda peso porque, literalmente, ha perdido el apetito.

¡Qué increíble que lo emocional pueda afectar a estos niveles lo físico! ¿No te parece?

Muy bien, estos escenarios son conocidos y la mayoría de nosotros los hemos atravesado, motivo por el cual los pongo aquí. Porque quiero generar consciencia de la realidad de la que hablamos.

Hay momentos en la vida donde, por estar bajo situaciones de adrenalina y presión, podemos pasar más de 18 horas sin comer, ni dormir, ni descansar.

Solo estamos allí, intentando resolver el problema que tenemos enfrente y, esta situación se ve más fuerte si nuestra vida depende de ello.

Es fascinante la capacidad, los dones y la fuerza que tiene el ser humano de desprender en situaciones de peligro.

Podemos sentirnos poseídos por una fuerza mayor que nos hace super fuertes, super habilidosos, super inteligentes…y la lista podría seguir y seguir.

¿Por qué somos capaces de conseguir estos desempeños?

Porque nuestra vida está en peligro. No podemos permitirnos morir y nuestro cerebro pone toda la carne en el asador para resolver la situación que tengamos enfrente, sin importar lo grande que sea.

Estos son casos extremos —y que espero que nadie tenga que vivir. Sin embargo, esto no le quita realidad.

El potencial del ser humano es centenares de veces superior al que desempeñamos en nuestro día a día. ¿Estás de acuerdo conmigo?

Seguro que podemos dar un poco más, esforzarnos un poco más, pero, ¿qué necesitaríamos para ello?

¿Compromiso? ¿Disciplina? ¿Fe?

Necesitaremos sin duda estas tres cosas pero, por encima de todo, considero que lo más importante es: Amor.

¿Amor?

Sí. Has leído bien.

Amor. Amor por nosotros mismos. El mismo que nos hace luchar para aferrarnos a nuestras vidas cuando estamos en peligro.

Amor por los demás. El mismo que nos hace levantarnos para atender a un bebé o a tu padre que necesita tu ayuda porque no puede valerse por sí solo.

Fíjate que coloco el ejemplo del bebé y no el de la pareja joven que se trasnocha hablando por teléfono porque en la fase del enamoramiento lo que predomina es el deseo. Una emoción que puede confundirse con el Amor, pero, esta es temporal; se desvanece con el tiempo y pierde su intensidad.

Sólo cuando ha pasado el tiempo necesario de la pareja y ha madurado al nivel necesario, se puede hablar de Amor.

Amor por la vida. Amor por Dios. Cuando ayudas al prójimo aun sabiendo que no será capaz de devolverte el favor. Cuando escuchas los problemas de una persona con la intención de ayudarle en su vida.

El Amor es la única fuerza que puede crear y destruir el mundo.

Por Amor se han comenzado Guerras, pero también se han construido ciudades.

El Amor es una fuerza tan fuerte que si se comparara con una bomba nuclear no hubiese competencia. Arrasaría notablemente el Amor. Todo ha sido creado desde el Amor en alguna de sus expresiones.

Probablemente me digas: "Roberto, yo no siento amor por mi trabajo."

Lo entiendo perfectamente.

No necesitas amar lo que haces para ser excelente, ¿estás de acuerdo? Quiero decir, puedes tener los dones y las facilidades necesarias para desempeñar esa tarea pero no agradarte.

Es totalmente lícito. Incluso, lo puedo llevar a un punto más lejos.

Puede no gustarte lo que haces y tener dos opciones: Dejar lo que haces y buscar otra profesión o… aprender a amarlo.

¿Aprender a amarlo? ¿Qué quiere decir esto?

Supongamos una situación: Tienes una familia y eres el único ingreso de tu familia. No puedes permitirte quedarte sin trabajo y que tu familia pase hambre.

¿Los amas? Por supuesto que sí. Por eso no puedes dejar tu trabajo.

Si esta es tu realidad. Te ofrezco dos escenarios:

En tu tiempo libre empieza a generar otros ingresos para no depender exclusivamente de tu salario y, con el tiempo y el dinero, dar el salto a lo que realmente quieres.

O, coloca metas dentro del trabajo que no te gusta y decóralo con tu familia. Con los tuyos.

El ser humano es capaz de hacer cosas increíbles por aquellos que ama. Tú puedes ser el caso.

Supongamos que eres el mejor en lo que haces, incluso sin quererlo.

Ponte metas donde involucres a los que amas y pregúntate, ¿qué es lo que no te gusta de ese trabajo?

¿Es el trabajo en sí mismo o es el jefe? ¿Acaso son los compañeros de trabajo? ¿Son las tareas como tal que tienes que desempeñar? ¿Hay algo que esté en tus manos?

Ponle nombre y apellido a eso que no te gusta y califícalo en un rango del 1 al 10 de cuánto lo toleras. Piensa maneras para mejorar la puntuación y poder tolerarlo cada vez más, con el objetivo de poder hacer que te guste lo que haces.

Mira, te contaré una anécdota que me contó un amigo en una ocasión hace varios años.

Él me dijo que estaba reunido con una persona de mucho éxito en un restaurante. Esta persona le estaba ofreciendo un negocio para desarrollar de forma conjunta.

Cuando estaban terminando la reunión, esta persona exitosa cogió su maletín e introdujo su mano para sacar un cheque. Lo tomó y se lo puso en frente a mi amigo.

Para sorpresa de él, el cheque estaba en blanco.

Extrañado, levantó la cabeza y le dijo: ¿Qué es esto?

Es un cheque para ti. Pon la cifra que quieras.

¿*What*, estamos locos?

Sí, le dio un cheque y le preguntó qué cantidad quería ponerse. Quería medir el nivel de aprecio propio que tenía mi amigo.

¿Cuánto es una cantidad justa? ¿Acaso son $1,000? ¿$5,000? ¿$20,000?

Pregúntatelo tú también.

Bien, como ya me conoces sabes que hay algo más. La reflexión no va sobre eso.

Después de responder mi amigo la cantidad que fuese. Esta persona le dijo lo siguiente:

"Las personas que fracasan no hacen lo que no les gusta hacer. Las personas que triunfan son las que aprenden a amar lo que tienen que hacer aunque no les guste."

En el proceso de llegar a donde quieres, probablemente tendrás que atravesar situaciones y trabajos que no te gustarán, pero, tienes que saber que son momentáneas y necesarias para cumplir con el proceso. De forma contraria, no podrás llegar.

Sabiendo esto, puedes llevar mejor la situación y aprender a amar lo que tienes que hacer porque tiene un sentido para ti. Porque pertenece a una meta más grande que tú. Porque en el momento que la superes, estarás donde quieres estar.

Todo lo que te acerque a tu destino, necesitas amarlo. Abrázalo con pasión.

Llénate del éxtasis de saber que esto que hoy te desagrada te acerca cada día a donde quieres y, en ese momento, ocurre la magia.

Sueña y deléitate por las noches, pero, recuerda en las mañanas salir a trabajar para que eso sea una realidad.

Vive con ilusión. Busca la inspiración cuando pierdas el norte, ella te espera para que caminen juntos.

Si desaparece no es que se haya ido de ti, sino al revés. Tú te has alejado. Retoma el camino tan pronto como puedas y súbete de nuevo en el barco y pon la máxima velocidad hacia tu destino.

Recuerda que, no existe peor infierno que llegar al final de tu vida y encontrarte, cara a cara, con la persona que pudiste haber sido y no te atreviste.

A los valientes como tú, grandes praderas les esperan.

Capítulo 12

Escucha lo que tu voz interior quiere decirte

Presentimientos, intuiciones, corazonadas... ¿Las has tenido alguna vez?

Seguro que sí, pero, lo más importante... ¿Te has dejado llevar por ellos alguna vez?

Espero que sí.

Detrás de cada uno de ellos, se encuentra una sabiduría superior a la lógica. Capaz de romper moldes y de, en algunos casos, llegar a ser inexplicable.

Hace muchos años, mientras veía un programa en la televisión, estaban entrevistando a lo que parecía ser todo un héroe: Un bombero que fue capaz de alertar a todo un edificio para que desalojaran dos minutos antes de que este empezara a arder en llamas.

Ese día, este héroe salvó la vida de decenas de personas sin tener que batallar con el fuego… ¿Cómo fue capaz de hacerlo?

Durante la entrevista, el bombero dijo que tuvo un presentimiento muy fuerte que no pudo ignorar y decidió actuar por reacción de su instinto.

¿Hay algo detrás de este acontecimiento que pueda explicarnos cómo pudo saber lo que iba a ocurrir?

Recuerdo perfectamente que explicaron que lo más seguro es que, sin ser consciente de ello, esta persona haya conectado muchos puntos de recuerdos del pasado que le alertaran de un incendio inminente, incluso sin ser percibidos por su consciencia. Al fin y al cabo, un bombero ha estado en reiteradas ocasiones en situaciones de incendios y su preparación es mucho más alta que la de una persona promedio.

Impresionante, ¿no es cierto?

¿Habrá ocurrido lo mismo cuando, en otra oportunidad, me contaron una historia de una chica que estaba volviendo a su casa y, mientras caminaba por una calle que estaba bastante solitaria, decidió darse media vuelta y devolverse a casa de las amigas porque "algo no le olía bien"?

A la mañana siguiente, la chica se enteró que unos minutos después de que ella se hubiese devuelto habían estado unos atracadores a escasos metro de donde ella hubiese pasado.

¿Cómo se puede explicar esto?

Tal vez no sean suficientes pruebas, pero, permíteme ponerte otro ejemplo aún más impactante:

Conozco una persona que, cada día, tomaba el metro a la misma hora para ir a trabajar, sin embargo, una mañana 'casualmente' al sonarle el despertador, como cada día, sintió una presión que lo empujaba de vuelta a su cama, "que no le dejaba ponerse en pie", dice él.

Lógico, pensé que se refería a que esa mañana estaba más cansado de lo normal, pero dice que no, que esto era una sensación extraña, como si de una protección se refiriera.

Al final, al ponerse en pie, sabiendo que llegaría tarde al trabajo, mientras desayunaba, saltaron todas las alarmas en el telediario diciendo que había ocurrido un atentado en el metro que él tenía que haber tomado… estoy hablando del 11M en Madrid.

¿Esto también ha sido una conexión de puntos de experiencias pasadas?

Lo dudo, sobre todo porque desde la comodidad de tu cama no pudiste observar ninguna anomalía en el transcurso del metro. Además, esta persona no había vivido un atentado anteriormente.

Sin embargo, es un hecho verídico. Esto le ocurrió a él y es probable que, a ti, querido lector, también te haya ocurrido algo similar.

¿Son acaso casualidades de la vida que nosotros magnificamos o realmente hay una inteligencia superior detrás ello?

La verdad, no puedo demostrar desde el razonamiento que sí existe una interacción superior cuando este tipo de eventos nos ocurren, pero, de la misma manera, tampoco puedo demostrar que no ha existido algo más allá de nuestro entendimiento.

Por eso, bajo esta lógica, decido creer que sí que existe una fuerza más grande que nosotros.

Creo que hay un guía que puede darnos pistas durante el camino, aunque esto será posible sólo para aquellos que estén dispuestos a escuchar.

Como llevo repitiendo a lo largo de todo el libro, existe una gran importancia en saber detenerse en un punto del día para pensar, meditar y reflexionar sobre lo que estamos haciendo y si eso es lo que queremos hacer o no.

En este punto toma una importancia añadida el silencio en nuestros momentos de "desconexión".

Cuando era pequeño —y durante los primeros 16 años de mi vida— cada domingo íbamos a misa en familia y, cada semana, leía el mismo letrero que se encontraba en la entrada de la iglesia: "En el silencio se escucha la palabra de Dios."

Crecí leyendo esta frase 52 veces al año, como mínimo, y terminó convirtiéndose en un integrante más de mi personalidad.

Cuando me encuentro en medio de la dificultad o colapsado por el estrés, mi cuerpo me pide que me aleje un momento. Literalmente, me empuja a buscar la calma para cerrar los ojos y dejar que mi mente fluya.

No consiste en tener que hacer un esfuerzo especial, ni mucho menos.

El objetivo de esta práctica, es encontrar el equilibrio entre tu cuerpo, mente y espíritu. Ser capaz de balancear todas esas cargas energéticas de las que estás compuesto y conectarte con la inteligencia superior.

No quiero que me vayas a decir: "Roberto, pero ¿qué me estás contando? Se te han ido los cables", si antes no lo has intentado.

Además, tengo la obligación de advertirte de la sutileza de esta práctica, porque aparentemente resulta ineficiente e, incluso, una "pérdida de tiempo" por el hecho de "no escuchar nada".

Muchas personas pueden caer en la trampa de decir: "esto no funciona porque yo no escucho que nadie me diga nada, ni tan siquiera tengo las respuestas que necesitaba saber cuando termino la actividad."

De acuerdo, permíteme contarte dos secretos:

El primero es que, a pesar de no ser consciente, como el caso del bombero, sí que estás recibiendo información sólo que está a un nivel que difícilmente sea perceptible por la mente consciente.

Y segundo, la verdadera actividad comienza cuando terminas la primera etapa, que es la que estábamos comentando hasta ahora.

Lo importante, una vez llegado al equilibrio, a ese punto de conexión "cuerpo, mente y espíritu", es que seas capaz de confiar.

¿Confiar en qué?

En que a partir de ese momento tu petición quedó registrada en el cielo. Que, a partir de ese día, señales se acercarán a tu vida cotidiana y de las que tendrás que estar muy atento para poder comprender.

Tus dudas serán resueltas con el tiempo, tus temores se convertirán en tus mayores ventajas, tu indecisión se transformará en tenacidad, pero esto será posible sólo si aprendes a escuchar lo que Dios tiene que decirte. Lo que te está susurrando al oído pero, que en estos momentos eres incapaz de percibir por todo el ruido que te rodea.

Ora con Fe y ponte a trabajar como si ya se te hubiese concedido.

Trabaja tan duro hasta que tus manos se encallen, hasta que tu frente sienta una marea de sudor y hasta que tus pies se desvanezcan, para que sólo después, puedas ofrecérselo a Él.

Así funciona esto.

Entrégalo todo, vacíate de ti mismo, para que puedas ser llenado de nuevo y amplíes tu capacidad.

Déjate llevar por tu instinto, ese que te grita lo que tienes que hacer pero que intentas silenciar con el miedo y la razón.

El mismo instinto que te envía la sangre a los pies cuando hay un peligro inminente al frente de ti para que puedas correr, en esta oportunidad, está intentando ayudarte para que logres lo que te has propuesto.

Deja que actúe en ti. Concédele el permiso.

En ocasiones, me he preguntado: ¿Cómo sé que estoy en el camino correcto y no me estoy equivocando? ¿Cómo puedo estar seguro que no es capricho mío?

¿Tú te lo has preguntado también? Estoy seguro que estas preguntas son comunes para cada una de las personas que habitan en este planeta.

En especial cuando se tratan de decisiones difíciles:

—¿Será la chica/el chico indicado para mí?

—¿Debería estudiar esta carrera?

—¿Tomo este trabajo o espero uno mejor?

—¿Debería comenzar mi propio negocio y dejar este trabajo "seguro"?

—¿Es buen momento para tener un hijo/hija?

—¿Debería hipotecarme 30 años con esa casa?

Estos son algunos de los momentos más difíciles en la vida de una persona normal y, probablemente, te sientas identificado con alguna de estas preguntas.

Incluso, puedes estar atravesando la necesidad de decidir ante uno de estos escenarios.

Ahora bien, quisiera preguntarte cuántas posibles respuestas te vienen a la cabeza cuando te planteas la decisión que tienes que tomar.

Sientes acaso un bombardeo de posibles respuestas y justificaciones o, por el contrario, al preguntarte si debes casarte con esa persona se escucha un vacío enorme, como si todo el personal de tu cerebro hubiese salido corriendo.

En el primer caso, puede haber una cierta "seguridad" en la respuesta, pero, no debes dejarte llevar por las apariencias.

No por el simple hecho de recibir múltiples justificaciones de tu decisión es porque esta sea cierta.

Puedes estar intentándote engañar de que tu pareja te quiere cuando, en realidad, es una idea que quieres venderte.

Lo importante en este punto es:

¿Quién está hablando?

¿Está hablando tu ego/orgullo?

¿Está hablando tu deseo?

¿Está hablando tu mente? O,

¿Está hablando tu corazón?

Aprender a diferenciar las distintas voces que hay en nuestro interior pueden llevarte a cualquier punto de tu vida que te propongas.

Separar estas voces y ser capaces de etiquetarlas te dará el mapa que necesitas para saber decidir porque, en ocasiones, nuestro corazón nos está diciendo la decisión que tenemos que tomar, pero el orgullo nos intenta decir:

—No, no se merece que esté ahí para él después de lo que me ha hecho.

Todo para que después de que el volumen del ego se disminuya, te sientas arrepentido porque la decisión que tomaste no era la correcta.

Capítulo 13

No eres perfecto, ni yo tampoco

Estar del otro lado del libro no me hace más especial, ni más importante que tú, en realidad, tienes más importancia tú con la aplicación de todo lo que hemos venido trabajando a lo largo del libro en tu vida que yo.

Solemos relacionar a las personas que nos dan consejos, o a los *coaches*, como dioses o como profetas, creando en tu mente la idea de que son perfectos y como si las emociones negativas estuviesen desterradas por completo de ellos.

Sólo cuando sigues caminando te das cuenta que no tiene nada que ver con la realidad, es más, por lo general suelen ser personas que han tenido que atravesar muchas más adversidades a lo largo de la vida y, las palabras que expresan hacia ti, no son más que los mismos consejos que se dieron a ellos cuando se encontraban en tu situación.

Esto no los hace perfectos, sólo personas con más experiencia y que han enfrentado los problemas de la vida con una mentalidad en concreto, la cual, les ha ayudado a sobrepasar cualquier obstáculo.

Lo bueno de todo esto es que, al no ser semidioses o personas superdotadas —ni tan siquiera personas con algún don especial—, este cambio de paradigmas está al alcance de cualquiera, contigo incluido. ¿Lo entiendes?

Tener mejores experiencias, tener la capacidad de superar desafíos y ser capaz de levantarte después de caerte, depende de una forma de pensar.

A ver, mirémoslo desde el siguiente razonamiento:

Un niño, puede que venga con una capacidad innata de razonamiento, sin embargo, a medida que empieza a desarrollarse, el entorno le va enseñando a pensar de una determinada manera, generando en su cabeza un tipo de pensamiento y creencia.

Por lo tanto, si somos capaces de alterar esa forma de pensar por otra, automáticamente habremos cambiado la vida de ese niño.

Así de simple.

Todas estas páginas sobrarían y pudiese resumirse todo el conocimiento en la afirmación que te acabo de decir. Si todo fuese así de fácil.

Recuerda que he dicho simple y no fácil, y en esto hay una diferencia.

Simple significa que cualquiera puede hacerlo, que la complejidad de ejecutar el cambio no requiere de estudio especializado en la psicología humana, ya que, la imaginación con la que estamos dotados nos permite ver elefantes rosas en nuestros adentros, aun cuando sabemos que no existen.

Ahora, lo que ocurre es que el cambio no es fácil. ¿Por qué? Porque has crecido escuchando una y otra y otra vez, y así hasta varios miles de veces, el mismo razonamiento. Tanto es así, que te cuesta creer que mis palabras sean ciertas, sólo con que seas un poco reacio a estos temas.

Como sé que cambiar una creencia es difícil y a medida que seas mayor, la dificultad va aumentándose en forma exponencial, se ha ido abonando la tierra durante cada uno de los capítulos para que la semilla del cambio tenga más probabilidad de germinar.

En este momento cobra sentido todo el proceso por el que hemos estado caminando juntos.

Además, me gusta contar la siguiente anécdota en este momento.

En una oportunidad, me encontraba con un buen amigo de la universidad y él me decía:

—Roberto, es que tienes el don del liderazgo y con eso se nace.

Yo le refuté y le dije que cualquiera podía hacerse asimismo un líder.

Pero me repitió:

—No lo creo, con eso se nace o no se nace, y en mi caso,

me cuesta mucho.

¿Acaso a mí no me cuesta en algunos casos?

Déjame decirte una cosa:

Cada momento en mi vida, donde he tenido que dar un paso adelante para poder tomar la iniciativa, he sentido miedo y he pensado en no hacerlo.

¿Eso quiere decir que no lo hice? Por supuesto que no. Y de haber sido así, no estuvieses hoy leyendo estas letras, o por lo menos, estas que están escritas por mí.

Miedo lo sentimos todos. ¿Cuál es la diferencia? Que aprendí que si quiero conseguir grandes cosas no puedo:

Ser segundo.

Dejarme vencer por el miedo.

Ser seguidor.

Desistir ante la dificultas.

Tener miedo al rechazo.

Y la lista podría seguir…

No quiere decir esto que sea malo ser un seguidor, ni mucho menos. Todos somos líderes y seguidores en función del círculo en el que nos encontremos en un momento en concreto.

Ambas figuras son necesarias en la sociedad y tienen que coexistir dentro de ti mismo, pero, el objetivo de contarte esto, es para enseñarte los pensamientos que bombardean mi cabeza ante una situación que requiere una decisión importante.

El líder decide ser líder, cada día, con su ejemplo, con su excelencia, con sus ganas de mejorar, con su temple para decidir, por sus valores profundos, por su convicción de mejorar el mundo, por su firmeza al caminar. Aun cuando esta decisión sea consciente o no.

De igual manera, puedes decidir pensar bien o pensar mal sobre un acontecimiento. El gasto de energía lo harás igualmente.

Ya sé que por repetírtelo no hará que te lo creas más, tampoco pretendo que creas mis palabras. Quiero que vayas y lo compruebes tú mismo poniéndolo en práctica y te creas a ti.

—¿Quieres ser un líder? Empieza a tomar decisiones que los de tu alrededor no se atreven.

—¿Quieres ser un pionero? Empieza a abrir camino virgen por donde ninguno ha caminado antes.

—¿Quieres ser empresario? Empieza a hacer las acciones que los empresarios hacen.

—¿Quieres ser exitoso? Ya sabes, la misma receta.

Y me preguntarás, "¿cómo lo hago, Roberto? Si me cuesta muchísimo."

Hazlo de forma consciente, hasta que sea una reacción inconsciente.

Hay líderes que se han forjado desde pequeños tomando decisiones a consciencia que, con el tiempo, terminaron integrándose en su personalidad y siendo inconscientes.

¡Haz lo mismo!

Es obvio que te costará, estás luchando en contra de tu naturaleza, en contra de tu familia, tus profesores, tus amigos, el noticiero y todos aquellos que alguna vez te dijeron que no era posible y que la única alternativa era ser un perdedor.

Contra todos ellos tienes que estar dispuesto a luchar, y, lo que es más importante, vencerles, incluyéndote a ti mismo.

Demuéstrales que se equivocaban cuando te dijeron que no podrías tener tu propia empresa. Que por más veces que te caigas, volverás a intentar sacar tu propio disco con tu música. Que harás oídos sordos cuando se rían de tu ilusión de ser actor.

Y sí, sé cómo te sientes en estos momentos, puedes estar muy motivado o emocionado diciendo: "Ahora sí, me voy a comer el mundo".

¿Seguro?

Prepárate porque la vida te empezará a pegar fuerte. Te pateará y te intentará derribar.

¿Seguro que estás preparado para salir allí e intentarlo hasta que lo consigas?

Espero que sí porque no hay nada más difícil que intentar vencer a alguien que no se rinde.

Recuerda de nuevo, no importa lo duro que puedas golpear, sino lo duro que puedes ser golpeado y aun así seguir caminando hacia adelante.

Y si quieres conseguir grandes cosas, necesitas saber que, para poder alcanzarlas, tendrás que pagar el precio que tienen. Nada vendrá gratis, y si viene, como dice el dicho inglés: "Easy come, easy go."

No quieras algo banal o temporal, si vas a luchar por algo, procura que sea permanente en el tiempo y que no caduque. Que lo construido sirva para las generaciones siguientes.

Busca aportar y llegar al fin último del liderazgo: El legado.

LA HISTORIA DEL MEJOR BOXEADOR DE HOLLYWOOD

Para concluir este capítulo, permíteme contarte la historia de una persona que, con su vida, nos puede enseñar que si realmente queremos conseguir algo, no hay nada, ni nadie, que pueda detenernos a conseguirlo. Esta persona es: *Sylvester Stallone*, ¿le conoces?

Seguramente lo conozcas como "Rocky", por la saga de *Rocky Balboa*, pero, ¿sabes quién se encuentra fuera del personaje? Deja que te cuente su historia.

Aunque todos conozcamos a "Rocky" como un ícono mundial de Hollywood y del boxeo, no todo fue tan sencillo para el actor que creó la legendaria saga.

Naciendo el 6 de Julio de 1946, Michael Sylvester Stallone, padeció una parálisis en la parte baja izquierda de su cara debido a un corte de un nervio facial durante el parto, paralizando parte de su labio y mentón.

Por si fuera poco, sufrió de raquitismo durante su infancia, lo que provocaría que sufriera acosos escolares, o lo que hoy se conoce como *bullying*. Además, él mismo afirmó que su padre abusaba de él físicamente con maltratos.

Como resultado de ello, el comportamiento del que sería *Rocky* no era el mejor, lo que le llevó a ser expulsado de 13 escuelas y tener 11 rupturas de huesos a los doce años.

Cuando tenía quince años, le dijeron que su cerebro estaba "inactivo", así que comenzó a hacer culturismo.

Seis años antes de llegar al estrellato del cine, se encontraba viviendo en la Autoridad Portuaria, luchando con trabajos de actuación y trabajos serviles. En esta época, se vio obligado a protagonizar una película erótica llamada *The Party at Kitty and Stud's*, película que nunca llegó a salir al público y, que después del éxito de Rocky, le propusieran comprar los derechos por un coste de $100,000 para que no saliera a la luz dicho film. Él dijo que no pagaría ni $2 por ello y confesó que (en aquel momento):

"Era hacer la película o robar a alguien porque estaba al final, al final, de mi soga. En lugar de hacer algo desesperado, trabajé dos días por $200 y salí de la estación de autobuses."

No es fácil vivir en una situación como esta, pero, la historia no termina aquí.

Stallone, mantenía viva la pasión de querer triunfar en el mundo del cine y seguía presentándose a un casting, tras otro, llegando a ser miles de ellos en los que era rechazado. Sin embargo, esto no le frenaba.

Vivía con dificultades y ni siquiera podía permitirse encender la calefacción en su casa, por lo que tenía que salir a la biblioteca cuando quería calentarse. Estaba casado con su primera esposa, que le recomendaba olvidarse del sueño de ser actor y que mejor buscara un trabajo *normal*.

Por si fuera poco, el peor momento de su vida llegó cuando tuvo que plantearse vender a su mejor amigo, su perro *Butkus*:

"Traté de vender a mi perro, porque era eso o simplemente no iba a estar muy bien alimentado en casa"

Finalmente, pudo vender a su amigo de cuatro patas por sólo $50.

Las dificultades seguían en la vida de este gran guerrero, hasta que el 24 de marzo de 1975, vio el combate entre Muhammad Ali y Chuck Wepner, pelea que le inspiró a escribir la historia que cambiaría su vida para siempre: sobre cómo se pueden superar las adversidades en la vida y salir victorioso aun cuando todo parece estar perdido.

Stallone escribió en tan sólo tres días el libreto e intentó venderlo con la intención de protagonizar el papel principal, cosa que no le gustó a los productores porque preferían a alguien "consagrado" en Hollywood para ser el protagonista.

Por si fuera poco, Sly, como también era conocido Sylvester, se negó rotundamente, rechazando hasta $300,000 por el guion, porque no lo estaban teniendo en cuenta como actor. Al final, hubo un productor que accedió a permitir que interpretara el papel, a cambio de recibir mucho menos dinero del que debería haber ganado, unos $25,000 por el guion y unos $360 a la semana por actuar. Afortunadamente, la mayor de las ganancias vino por las acciones en sus ganancias netas de taquilla, lo que le ayudó a ascender las ganancias hasta los 2 millones de dólares.

Cuando obtuvo tal éxito en el cine, se puso en marcha para recuperar a su gran amigo *Butkus*. Poder recuperarlo le supuso un coste de unos $3,000 más otorgarle una pequeña actuación en la película a quien era el nuevo dueño de su mascota.

A pesar de los vaivenes en su vida, Sly, fue capaz de generar una saga de seis películas de *Rocky*, una saga de *Rambo* y, siguiendo la primera, reaparece en el estrellato del cine como el entrenador de Adonis Creed en la saga *Creed*, creada también por él.

Personalmente, ha conseguido acumular una fortuna por encima de los 400 millones de dólares y, en el año 2018, llevó a cabo un gesto que me sorprendió todavía más en su historia.

Recientemente, ha expresado su desvinculación dentro de la saga *Creed*, pero, esto no significa que se dejará de producir la misma, sino que por el contrario, Sylvester, le ha cedido al nuevo protagonista, Michael B. Jordan, el "testigo" del futuro de la saga que protagoniza.

Puede pasarse por alto este hecho, sin embargo, no para mí. Para mí, este gesto muestra la comprensión de Sylvester de crear algo más grande que él mismo y de comprender el nivel más elevado de liderazgo: Dejar un legado que continuará el discípulo de *Rocky*, Adonis Creed.

A pesar de no haber tenido una vida perfecta como la hubiésemos imaginado, es un ejemplo de éxito y superación y que, personalmente, admiro mucho.

Capítulo 14

¿Qué hace a una persona ganadora de verdad?

¿Te lo has preguntado alguna vez? A mí, me apasiona intentar descubrir cuál es esa cualidad o habilidad que le permite a una persona ser gloriosa en su vida.

Cuando escuchas a un cantante lanzar su primer disco, solemos mirar el resultado como un producto que siempre estuvo allí, obviando todo el sacrificio que hay detrás: noches de desvelo, presión por entregas, revisiones de las letras, ensayar, ensayar cuando te sientes mal, ensayar cuando tienes fiebre, ensayar cuando te duele el cuerpo —y cuando te duele el corazón, también— y así podíamos continuar con una larga lista que no terminaría.

Además, lo peor de todo es que no sólo juzgamos únicamente el resultado sin mirar el proceso de detrás, sino que, por encima de todo, sólo consideramos juzgar a los mejores —aunque sean los mejores solo para nosotros.

No se escucha mucho de los que no están en la cúspide en una cierta área, sea esta el deporte, la música o los negocios, lo único que vale es estar en la cima de todo.

Y por si fuera extraño —o no— llega un punto de la montaña donde da igual de qué sector vengas, empiezas a coincidir con personas de otras áreas y a hacer amistades, rodeándote de gente tan brillante como tú.

Creando una especie de círculo privilegiado de contactos.

Los famosos que admirabas de pequeño, ahora comparten mesa contigo y te escriben por WhatsApp, o con un poco de suerte, te dicen que admiran tu trabajo y son *fans* tuyos.

¿En qué momento pasó todo esto?

La excelencia estaba haciendo su trabajo en segundo plano hasta que llegó el momento adecuado.

Esto no se consigue de forma gratuita, ni de forma rápida, a pesar de que existan excepciones, lo normal es que tengas que atravesar 40 desiertos con cactus que entorpecen tu camino, sin poder beber, mientras el sol incendia tu cuello y las gotas de sudor se derraman como el agua que anhelas beber.

Una vez superado ello, y sólo una vez superado, podrás empezar a escalar la montaña de la que te hablo. Sin embargo, no todos están dispuestos ni preparados para tal exigencia física, mental y espiritual.

La mayoría desiste, diciendo que es imposible. Que no hay nadie que pueda soportar tal pesadilla, hasta que alguien va y lo sobrepasa.

Por eso es tan privilegiado estar en el otro lado.

Muchos son los que quieren el nombre de prestigio y piensan que con quererlo les será suficiente. Nada más lejos de la realidad.

Si lo quieres a secas, déjalo porque ya has perdido.

Necesitas desearlo, con tanto enfoque, con tanta pasión y con tanta furia, que el desierto lo veas como un océano y el sol sea tu impulsor más grande, como si te encendiera por dentro y te llenara de energía.

De otra forma, morirás por el camino con la mayor de las enfermedades: la *excusitis*.

¿Te caes? Pues te levantas;

¿Te tropiezas? Pones las manos y sigues;

¿Te caes de la sed? Piensas que estás mordiendo un limón ácido y continuas.

¿Nos vamos entendiendo?

Puede que suene duro, pero prometo no engañarte diciéndote cosas sin mostrarte exactamente lo que necesitas saber antes de emprender el camino.

Sería irresponsable de mi parte prometerte un camino de rosas y flores, cuando estoy viviendo en carne propia el desierto.

Sería incongruente, y no puedo permitirme eso. Necesito serte franco y generar uno de estos dos efectos en ti: ahorrarte tiempo en empezar un camino que abandonarás más tarde o, si después de enseñarte lo que realmente hay en el camino, sigues queriendo hacer el viaje, prepararte para tu travesía lo mejor posible y que seas capaz de llegar a la montaña y subirla.

No será un camino acompañado, en su primera fase, al menos.

Esta travesía se realiza individualmente, tienes que ir sólo.

Es un proceso de metamorfosis mental que atravesarás, y si sobrevives, podrás contarlo. Tienes que ir tú contigo mismo porque la competencia es contra tu mejor yo e ir rompiendo el molde que te limita cada vez un poco más. Haciendo que en cada intento seas capaz de más.

¿Sabes cómo a las personas que sufren de enanismo les ayudan a crecer?

Literalmente le rompen los huesos para ganar centímetros.

Tendrás que hacer lo mismo con tus barreras mentales y tus límites, rómpelos, aunque duela, porque es la única forma de expandirte.

Déjame decirte que será un camino solitario también porque muchos de los que te rodean no querrán seguir a tu lado en medio de tu travesía. No es fácil aguantar a alguien obsesionado, especialmente cuando crees que está perdiendo el tiempo esa otra persona y que ha perdido la cabeza por un "capricho".

Otro grupo de personas se cansará de escuchar tus historias y tus disculpas por no poder quedar un viernes por la noche para salir de fiesta porque "tienes que trabajar en tu proyecto", ¿algo de esto te suena familiar? Si no, preocúpate y ponte manos a la obra de inmediato porque estás parado.

Permíteme aclarar, una vez más, que no existe un cupo

limitado de personas que puedan llegar, en lo absoluto. Lo que realmente ocurre es que existen muy pocas personas dispuestas a hacer lo que se tiene que hacer. Punto.

Esto puede surgir debido a algo comentado al principio de este capítulo: quieren una vida increíble y ya.

Quieren el resultado, no les importa nada más y, para ser más franco, lo único que les motiva es conseguir el dinero o la fama de aquel "sueño" que se engañan de tener.

Poner tu motivación sobre el dinero es igual de efectivo que poner una promesa sobre la arena: Un soplido y se irá al carajo.

Una cosa es que te guste tener dinero, eso está bien y es totalmente lícito.

Ahora, si haces una actividad o trabajo para pagar las facturas y ya, necesitas escuchar la baliza de emergencia sonando porque sólo te dará para pagar las facturas pendientes y poco más.

Necesitas inspirarte a un nivel superior, en ese punto donde te da igual las circunstancias y nada te mueve.

Esto lo puedes conseguir con una proyección que sea más grande que tú y que tus vísceras se muevan con imaginarte alcanzando eso que te has propuesto.

Tu vida será increíble en la medida que estés comprometido con ello y la pregunta es, ¿cómo no estar al 1000% en tu propia vida? Acaso, ¿vas a fallarte a ti mismo? Qué duro eso.

Una cosa es darlo todo y aun así no llegar y otra muy distinta es no llegar y saber que pudiste haber dado más.

No soy cruel, ni exagerado. Estoy siendo claro.

Repito, quiero ser transparente y que, si sales de esta lectura queriendo ir al desierto, que te devores la travesía y tú voz se escuche por todo el mundo diciendo que sí se puede y que tú fuiste capaz.

Quiero escuchar tu historia algún día y saber que fue posible. No quiero nada más.

©Escrito en un avión

Capítulo 15

Destrúyete para expandirte

Asociamos romperse con pérdida de valor porque pensamos en la ruptura de un jarrón, de un cristal o de una mesa.

Y tienes razón, ¿de qué sirve una mesa con dos patas rotas?

De nada.

Sin embargo, hay otro tipo de cosas que al romperse se expanden y siguen siendo una unidad completa.

Este es el caso de la consagración de la hostia en la eucaristía para los cristianos, a pesar de romperla, sigue conteniendo todo el cuerpo de Cristo en su totalidad.

Si no eres religioso, lo entiendo, y por eso quiero plantearte otro ejemplo llevado a la ciencia y la biología para que veas que también puede cumplirse:

A lo que me refiero es al proceso de reproducción celular, o también conocido como, Mitosis.

La mitosis es un proceso que ocurre en el núcleo de las células eucariotas y que procede inmediatamente a la división celular. Consiste en el reparto equitativo del material hereditario (ADN) característico. Este tipo de división, ocurre en las células somáticas y, normalmente, concluye con la formación de dos núcleos, seguido de otro proceso independiente de la mitosis que consiste en la separación del citoplasma, para formar dos células hijas genéticamente iguales que la célula madre.

Este es un ejemplo espectacular que nos regala la naturaleza misma sobre el concepto que quiero compartir contigo.

Esperando que haya quedado claro que el concepto ruptura no tiene por qué ser malo, quiero que aprendamos en este capítulo a rompernos —entregar pedacitos nuestros a otras personas— con la finalidad de expandirnos.

¿Sabes qué es lo asombroso de esto?

¡Que no hay límite!

Puedes dividirte en infinitas partes y seguir siendo tú, entero, o lo que es mejor, por cada vez que te rompas, expandirte más.

Este concepto va muy ligado con el concepto de vaciarse para poderse llenar de nuevo.

Somos como un jarrón que se va llenando de experiencias y de conocimiento. Este jarrón, que somos nosotros, tiene unas limitaciones aparentes.

Por eso, llega un punto en la vida donde consideramos que no podemos seguir aprendiendo. Esto es una ilusión que intenta engañarte.

Lo que está ocurriendo en ese momento, es lo mismo que ocurre si detienes la lectura en este momento y vas a tu cocina, coges un recipiente y lo llenas de agua. Llénalo hasta que esté a punto de rebosar.

Una vez en este punto, ponlo dentro de la pila y vuelve a abrir el grifo de agua para intentar seguir llenándolo.

¿Qué está pasando?

El recipiente está lleno y no permite que entre más líquido y por eso se está rebosando.

¡Muy bien!

Te propongo una solución: Coge otro recipiente que sea más grande y vacía el agua del primero en el segundo. Has liberado espacio en el primero y ahora el agua que rebosaba allí, está tranquila en el segundo que es más grande, esperando que la termines de llenar hasta el límite del nuevo jarrón.

¡Maravilloso!

Déjame decirte algo, te he estado engañando todo este tiempo. No eres el jarrón, eres el agua.

¡Boom!

Versátil como el agua y capaz de adaptarte a la forma que quieras.

En el momento que te encuentres limitado, sólo tienes que romper el jarrón que te está limitando y te darás cuenta que estás en un recipiente más grande que el anterior, uno en donde puedes seguir introduciendo más agua, más tú, más conocimiento.

Pero para conseguirlo, necesitas romper ese molde que te está limitando.

Lo que es más, tienes otra opción, querido, puedes dividirte en varios recipientes, puedes formar parte de varias personas en la medida que te "destruyas", porque al igual que la mitosis de las células, un litro de agua tiene la misma composición que una molécula H_2O.

Esto quiere decir que, aunque te dividas, seguirás siendo agua entera en toda su definición, no serás medio agua, ni tendrás tu composición a mitad.

¡Expándete! Deja el temor que te ha limitado todo este tiempo.

Te han querido vender la idea de que eres un jarrón durante toda tu vida, porque no les interesaba que supieras que realmente eres el agua que está en su interior.

Un jarrón se rompe y pierde su valor, mientras que tú al dividirte lo mantienes y lo incrementas.

En tus manos tienes, a partir de este momento, la capacidad de reestructurar la manera de ver la vida. Tienes la capacidad de hacer lo necesario para transformar, de una vez por todas, tu realidad.

Aprende a generar valor en los otros y empieza a compartir lo que sabes, porque ahora, eres consciente que no te desgastas al vaciarte.

Ahora sabes que si te vacías puedes llenarte de más conocimiento, eres consciente de unas aparentes limitaciones, que pueden ser tus creencias o tus miedos, que al romperlas, te descubren nuevos horizontes.

Quiero que te quedes con una imagen de este capítulo, es una petición personal que te solicito porque sé, estoy convencido, que si la llevas en tu corazón en los momentos difíciles, hará que toda tu realidad cambie.

Imagina por un momento que eres el agua viva que sale de un grifo, ese es el "tú" más profundo, tu capacidad, tu conocimiento y tus experiencias.

Quiero que sientas cómo vas llenando ese jarrón en donde te encuentras.

Ahora, imagina que el jarrón está cerrado y está llegando a su límite, sin embargo, el caudal del grifo incrementa. Cada vez sale más agua del grifo y empieza a subir la presión dentro de ese pequeño jarrón que intenta limitarte.

La presión sigue aumentando y tú, el agua, sigue expandiéndose.

Estás intentando con fuerza seguir creciendo pero el jarrón no da más abasto, parece que no hay más lugar para seguir creciendo pero te resistes.

Cada vez estás más apretado y empiezas a sufrir. Duele estar allí dentro porque, además sigue entrando agua a presión.

En el momento de máximo dolor, en ese momento donde crees que no puedes soportar más porque estás en el colapso, tomas un último respiro hinchándote por completo. Un último respiro para lo que consideras tu fin.

Estás a punto de tirar la toalla y haces ese suspiro.

En ese momento, al respirar con profundidad escuchas que la arcilla empieza a agrietarse.

Inspirado por ello, incrementas la presión del agua que intenta hacerse camino dentro del recipiente y cada vez más grietas aparecen.

Haces un esfuerzo sobrehumano con la Fe que podrás reventarlo en pedazos. Estás convencido que lo harás añicos.

El dolor aumenta a cantidades inexplicables, esta lucha ya no puede quedar en paz.

O te rompes tú, o se rompe el jarrón.

Recuerdas que tú eres agua, no puedes romperte. Mantienes el pulso y, de un instante a otro, se escucha una explosión. Has ganado. El dolor ha desaparecido y estás en un nuevo recipiente.

Uno aparentemente más cómodo para tu tamaño actual, pero recuerda, el grifo sigue inyectando más y más agua.

Te has dado un respiro pero volverá el momento donde se te haga pequeño nuevamente y tengas que desafiar tus nuevas limitaciones.

¿Hasta cuando tendrás que repetir el ciclo?

Hasta que tú quieras dejar de introducir agua. En el momento que cierres el grifo, significará que has decidido detenerte; que estás conforme donde estás y que te quedas en tu zona de confort.

En caso contrario, siempre que el agua siga entrando y tu sigas expandiéndote, tendrás que enfrentarte a romper tus límites para seguir creciendo. Es un proceso sin fin.

El límite te lo pondrás tú.

Esta es la democracia de la vida. La oportunidad a la que estamos llamados todos, una vez descubrimos que no somos el recipiente, sino el agua.

¡Maravillosa vida!

Los recipientes que nos limitan son nuestros miedos y nuestras creencias. El agua son nuestros sueños y nuestros anhelos. La presión del agua es la Fe que nos permite inyectar más presión para alcanzar romper esos miedos y, a medida que la Fe sea mayor, podremos seguir alcanzando la presión necesaria para romper los jarrones.

Sin la presión necesaria, terminará rompiéndose el grifo.

Mantente, por el amor de Dios, aguanta un poco más.

Piensa que en este segundo no tirarás la toalla, que lo harás en el siguiente y luego en el siguiente.

Posterga tu derrota hasta que la victoria florezca en tu vida.

De la misma manera que antes decías que mañana comenzaría tu dieta, tu nueva versión comenzará hoy la dieta y postergará los postres.

"Hoy no me comeré ese helado, mañana me lo como."

Una y otra vez. Una y otra vez.

¡Vamos!

Recompénsate triunfando y compartiendo con los demás tus éxitos.

Llénate y vacíate las veces que sean necesarias. Expándete por todos los lugares que puedas y añade valor en la vida de las personas con las que compartes. Sé luz y agua.

Capítulo 16

Ambición y Obsesión

He repetido en reiteradas ocasiones que quiero verte triunfar, que quiero verte en lo más alto que puedas llegar con tus ambiciones. Que te comprometas con tus objetivos, incluso, llegando al punto obsesivo, pero aún necesito orientarte un poco en esta tarea para que puedas salir allí e inclinar las posibilidades a tu favor.

¿Has escuchado alguna vez que ser obsesionado o ambicioso es malo? Posiblemente tus padres te lo hayan dicho.

Como ya te he dicho en capítulos anteriores, su intención siempre ha sido la mejor, pero, necesito quitarte la venda de los ojos y que empieces a contemplar el mundo como es.

¿A qué me refiero?

Yo también crecí escuchando que ser ambicioso era malo, era algo que creía y pensaba estar convencido en que esto era lo más acertado, sobre todo por tener una orientación religiosa cristiana, donde puede dar la impresión que condenan al rico cuando en un versículo de la biblia dice:

"Es más fácil que entre un camello por el ojo de una aguja, que el que un rico entre al reino de los cielos"

¿A quién le quedan ganas de ser ricos después de semejante sentencia? Probablemente, a nadie.

Sin embargo, tiempo después, aprendí que el hueco de una aguja se refería a un tipo en particular de puertas de entrada a los pueblos de la época de Cristo y, que lo que se condenaba del rico, era su avaricia de colocar su felicidad en las riquezas materiales.

¿Es malo ser rico? No. Lo malo es ser avaro o corrupto.

Por lo tanto, puedes ser rico pero hacer el bien. Puedes tener dinero para ayudar a otras personas. Puedes ser ambicioso en hacer la vida más fácil a las personas por medio de tu empresa.

Mi vida cambió por completo cuando entendí aquel pasaje bíblico, y espero que la tuya también si no conocías la verdadera intención detrás de esas palabras.

La palabra ambición u obsesión están definidas dentro de la sociedad como conceptos negativos y como descalificativos, pero, ¿qué dice la propia definición en la RAE?

—*Ambición:* Cosa que se desea con vehemencia

—*Obsesión:* Idea fija o recurrente que condiciona una determinada actitud.

Analicemos ambas definiciones:

La ambición define una "cosa que se desea con vehemencia". ¿Qué es vehemente? Según la RAE "Ardiente y lleno de pasión".

¿Podemos, entonces, decir que la ambición es una cosa que se desea de forma ardiente y llena de pasión? Yo considero que sí, puesto que lo único que hemos hecho es sustituir una definición en otra.

Por lo tanto, si ser ambicioso es desear algo lleno de pasión, ¿por qué tiene que ser esto malo?

Te lo pongo de la siguiente manera:

¿Es el agua mala? Probablemente digas que no porque el agua es fuente de vida, esencial para la naturaleza, etc. Sin embargo, una lluvia torrencial puede dejar muertes en las ciudades y grandes destrozos o, incluso, alguien puede usar el agua como arma para hacerle daño a otra persona. ¿Esto hace que el agua sea mala? No.

El problema con la ambición es que ha sido catalogada mucho tiempo como una cualidad negativa y se ha extendido este significado, pero, al igual que el agua, la ambición no es ni buena, ni mala, sino que dependerá del uso que le podamos dar.

En el otro lado, tenemos la palabra "obsesión", que tiene una definición como "idea fija o recurrente que condiciona una determinada actitud".

Los seres humanos tenemos un comportamiento determinado. Nuestro carácter se ha formado con el paso del tiempo y ha generado nuestra actitud ante las circunstancias en la vida que nos van pasando. Esto quiere decir que, si ante un mismo estímulo, reaccionamos de la misma manera una y otra vez, tenemos una idea en nuestro cerebro que nos condiciona nuestra actitud ante el problema que tenemos al frente.

Dicho de otra manera, todos estamos obsesionados en nuestra forma de hacer las cosas porque, los seres humanos, generamos patrones de comportamiento. Esto es un hecho.

Ahora, si partimos de que todos estamos obsesionados con algo, ¿por qué no podemos obsesionarnos con algo positivo, en lugar de obsesionarnos con algo negativo? ¿Tendría sentido para ti?

Perfecto. Ahora que ambos conceptos están aclarados y has aprendido a tener un punto de vista diferente al que se escucha en la calle habitualmente, quiero invitarte a que cultives y enfoques de manera correcta ambas habilidades. Así como las personas más exitosas lo han hecho.

Al final parte todo de una decisión: ¿En qué quieres enfocarte?

En función de tu respuesta podrás darle un buen uso a las enseñanzas que estoy compartiendo contigo, o no, y por haber escogido indagar en la profundidad de estas aguas, entiendo que tienes ganas de aportar algo bueno al mundo.

¿Cómo podrás hacerlo?

En esto te ayudarán las nuevas definiciones que hemos incluido dentro de tu diccionario personal, ya que, seguramente te sucedía lo mismo que a mí —y tu miedo a que te tildaran de alguno de los dos adjetivos que hemos comentado a lo largo de este capítulo te estaba limitando.

Al fin y al cabo, ni siquiera a un ladrón le gusta que le llamen "ladrón".

Lo que quiero decir con esto es que, aunque fueses una mala persona, no te gustaría que te definieran como tal.

Por lo que, de ahí surge la importancia de enseñar el otro lado de la moneda.

Ahora que son cualidades positivas para ti, espero que tengas ganas de poner en marcha todos tus planes para conquistar tus sueños.

—"Es que aún no me lo creo, Roberto."

Está bien, las cosas no surgen de la noche a la mañana.

A mí me llevó varios años poder cambiar mi creencia en esto y poder empezar a actuar en consecuencia sin sentirme ofendido.

No sé cuánto tiempo pueda llevarte a ti, pero espero que sea menos que lo que tarde yo, puesto que te he entregado unas herramientas valiosísimas que a mi me llevó tiempo conseguirlas:

Las nuevas definiciones.

Capítulo 17

No quiero que te motives

¿Qué importancia tiene el capítulo anterior? Podrás estar preguntándote.

La verdad es que mucha, pero a lo mejor no sea tan perceptible a primera vista. Así que no te preocupes, para eso estoy aquí.

El hecho de remarcar algunos aspectos del capítulo anterior en este, refleja un énfasis de vital importancia si queremos transformar nuestras vidas, de una vez por todas, y conquistar nuevos territorios que antes pensábamos imposibles.

Por este motivo, quiero definir en tres palabras los aprendizajes que tenemos que tener en mente a partir de ahora: Redefinir, Desatar y Resiliencia.

REDEFINIR TUS CONCEPTOS

¿Cuántas veces hemos dado por hecho cosas que no eran como pensábamos? Si esto nos ha pasado con cosas simples como el hecho de apostar por la victoria de un equipo que ha terminado perdiendo, ¿cabría la posibilidad de habernos equivocado en algo más importante?

Bajo mi punto de vista, todos somos susceptibles a equivocarnos y esto es lo que nos hace humanos, no tenemos que intentar esconder esta realidad, por lo que, pensar que tenemos conceptos erróneos, es algo totalmente asumible.

Ahora, la importancia recaerá en nuestra capacidad de ser capaces de abrirnos a una nueva posible definición de conceptos que considerábamos inamovibles en nuestras vidas. Porque así nos lo recuerdan los ríos, todo es móvil, todo se mueve, todo cambia.

Por más que quieras, si te metes en un río hoy, y mañana te vuelves a meter, aunque pienses que es el mismo río, te pregunto: ¿El agua fría que corre por tus pies es la misma que estaba ayer?

Seguramente no, a menos que hablemos de un pozo estancado.

Y en caso de ser un pozo estancado, sabemos lo que les pasa a estos: El agua termina pudriéndose.

Otro ejemplo de la naturaleza que nos recuerda que tenemos que ser dinámicos y estar abiertos al cambio para mantenernos vivos y sanos.

La importancia de estar dispuestos a cambiar es fundamental para una persona que quiere conseguir nuevos desafíos porque:

"Locura es hacer una vez tras otra lo mismo, queriendo obtener resultados diferentes."

Seguramente esta cita te suene, ya que en ocasiones es atribuida a Albert Einstein, pero, lo que quiero transmitir es la necesidad de hacer las cosas de forma diferente para obtener los resultados que queremos.

En caso contrario, si lo que estamos haciendo fuese suficiente y no tuviésemos que cambiar absolutamente nada, ya tendríamos el resultado necesario. ¿Tiene tanto sentido para ti, como para mí?

Por lo tanto, si tienes la herramienta para poder redefinir un concepto con la intención de que, con ese cambio, puedas conseguir resultados mejores que los que estás teniendo, ¿tendría sentido plantearse cambiar?

Desde luego que sí.

Otra pregunta que te puede estar surgiendo es: De acuerdo, Roberto, tengo que cambiar y redefinir, sé cómo redefinirme pero, ¿Qué nueva definición le pongo?

Muy bien, ahí quería llegar.

¿Cómo saber qué definición tengo que ponerle? Observando a tus referencias.

Necesitas ponerte mentores virtuales o físicos, como ya hemos comentado en capítulos anteriores, para aprender a pensar como esas personas que han tenido éxito en aquella área que tú quieres, sin perder tu esencia.

Me explico, necesitas conocer las definiciones que tienen las personas que admiras en el sector en el que te desenvuelves y esas, definiciones, hacerlas tuyas.

Quiero hacer énfasis en el tiempo de preparación para ello.

Esto no se trata de cambiarte el chip y de perder tu identidad. Necesitas digerir con tiempo aquello nuevo que quieres introducir en tu materia gris. Sintetizarlo, contrastarlo y verificarlo.

Escucha lo que tus referencias dicen y comprueba en piel propia si lo que dicen es cierto. Si sumas la guía que ellos te ofrecen, más tu experiencia personal, obtendrás tu propia nueva definición que será la indicada.

Para conseguir con éxito esta transformación, te pido que tengas paciencia contigo. Al principio, hay una probabilidad alta que asumas todo lo que escuchas de ese mentor como cierto, sin dudarlo.

Luego con el tiempo digerirás la información y podrás ir adaptándola a ti.

Mantente allí y atraviesa el proceso de metamorfosis al igual que lo hace la oruga que se convierte en mariposa. No es de la noche a la mañana.

DESATAR TU POTENCIAL

Como consecuencia del primer punto, aprenderemos a ser capaces de liberar todo nuestro potencial, sin sentirnos cohibidos.

Puede sonar un poco ilógico, pero, si no entiendes a lo que me refiero, por favor, retoma la lectura del capítulo anterior donde te comento los efectos que pueden tener unas definiciones incompletas dentro de tu sistema de creencias como es el caso de la ambición y la obsesión.

Como los dos ejemplos en los que trabajamos, necesitas detectar todo aquello que te esté limitando y modificarlo para que pase a ser un impulsor.

Este es un trabajo personal, una tarea en la que debes comprometerte, en la misma medida en la que te comprometes con tus sueños. Recuerda seguir el mismo procedimiento que hicimos en el capítulo anterior: Investiga, expande la mente en otras alternativas que antes no habías contemplado y, termina integrándolo en tu mente.

Con el paso del tiempo, te darás cuenta que tu potencial se verá incrementado, sin haber sido consciente de ello. Incluso, te costará saber el momento exacto donde todo cambió y empezó a funcionar mejor, pero, esto es lo de menos.

La importancia está en poder conseguir los resultados mientras te sientes bien contigo.

Entregarte de lleno a tu familia, a tu negocio o a tus estudios y sentirte realizado por ello, es necesario para descubrir la felicidad.

Esa felicidad que llevamos dentro y que nadie nos lo dice hasta que lo descubrimos, habiendo desperdiciado años por intentar complacer los caprichos de otros, antes que los nuestros.

No estoy hablando de egoísmo, estoy hablando de tu valor.

"Estudia medicina, hija" te dijeron de pequeña, porque había sido el sueño frustrado de tu madre y ella no pudo serlo porque tuvo que empezar a trabajar desde muy joven para ayudar en su casa.

Renuncia a lo que tú quieres para complacer a tus padres porque si no te tacharán de mal hijo.

De la misma forma que te digo esto, te pido que les respetes y los ames como a nadie en esta vida porque a ellos les debes la vida, literal. No hay excusa en esto, ni se puede aprovechar la afirmación anterior a este párrafo para abusar de ellos.

A ellos les debemos la vida entera y todo en cuanto alcancemos. Sin ellos, no hubiese podido escribir este libro, ni ver el amanecer, y tu no pudieses estar leyendo estas líneas.

Ámalos, pero no dejes que te quieran imponer el camino.

Sólo cuando te dediques a aquello que te apasiona, que puedas ser tú —con la responsabilidad que eso amerita— y que puedas ser guiado por personas que estén adonde quieres ir, podrás liberar todo el potencial que llevas dentro de ti.

RESILIENCIA EN LA MOTIVACIÓN

Finalmente, necesitas ser consciente que la motivación es un estado temporal. Algo que hoy está y mañana puede no estar. Yendo más allá, y siendo más sincero, algo que en estos momentos está y que, un segundo después, ya no está.

Esto es algo que ya has experimentado en carne propia y que estarás de acuerdo conmigo. El problema es que, hasta ahora, no sabías lo que te voy a desvelar y para introducirlo, te quiero hacer una pregunta:

Si la motivación es un estado temporal y efímero, ¿Tendría sentido dejar tus metas en algo tan inestable?

Un día me siento bien y hago 100, pero, al día siguiente, me siento decaído y hago 0. Y, lo que es peor, todo ese mes me sentí mal, e hice 0. Desperdicié un mes de trabajo porque "no me apetecía" o "ya lo haré cuando esté motivado".

Probablemente, hayas caído en este error en el pasado, ¿Me equivoco? Si es tu caso, no te preocupes, yo me enfrento a este desafío todavía.

Es muy sutil esta tentación, que se disfraza de justificación.

Sin embargo, necesitamos blindarnos de razones para no dejarnos manipular por estos cambios emocionales.

¿Qué podemos hacer para evitar dejar en las manos de la suerte, prácticamente, el resultado de nuestros proyectos?

Si te dijera que, en lugar de depositar tus metas en algo tan cambiante como la motivación, puedes depositarlo en algo tan sólido como una roca. Algo inamovible en el tiempo y que no depende de tu estado de ánimo, ¿Sería atractivo para ti?

Si tu respuesta es afirmativa, déjame introducirte aquello que, programado de la manera correcta, generará un antes y un después, si así lo quieres.

A lo que me estoy refiriendo, en concreto, es a *los valores*.

¿Qué tan importante son los valores para ti?

Ya sé que hemos estado hablando de ellos a lo largo de los capítulos pero, en este punto, quiero enfocarme en la lista de valores que tienes actualmente y las definiciones que les tienes a cada uno.

¿Con qué motivo? Para que puedas incluir aquellos que necesitas, redefinir algunos que tengas incompletos y desechar los que puedan estar limitándote.

En definitiva, una persona que se considera honesta y siente que invertir en acciones es una forma de ganar dinero de manera poco honesta —porque le está "robando" el dinero a otra persona— jamás podrá ganar dinero en el mercado de valores.

¿Estoy incitándote a invertir en la bolsa? No, a menos que este sea tu sueño.

Quiero que entiendas que una persona no puede ir en contra de su definición, en contra de lo que considera bueno.

Es por ello que, en el caso de nuestro inversor, necesitará encontrar una manera de inversión con la que se sienta cómodo y se sienta honesto o necesita lograr ampliar su definición de honestidad.

Cualquiera de las dos opciones sería válido.

¿Por qué pongo el ejemplo del inversor? Porque es un caso personal.

Esto me ocurría a mí. Quería invertir en la bolsa, quería ganar dinero haciendo trading, pero, descubrí que me sentía mal conmigo al ganar y, como consecuencia, perdía el dinero que había ganado, una vez tras otra.

¡Qué me cuentas, Roberto!

Sí. Esto es una realidad, y lo hacía de manera inconsciente.

Después de acumular ganancias, llegaba una racha negativa y de errores en la que devolvía a la mesa la misma cantidad de dinero que había ganado los días de antes.

Cuando me di cuenta de ello, me propuse remediarlo.

¿Cómo lo hice? Busqué mentores en el sector, indagué en por qué me sentía mal ganando dinero de esta forma y descubrí lo siguiente:

Me sentía mal porque consideraba estafa ganar dinero por el mero hecho de especular con el precio de un activo. Esto va en contra de mi personalidad y no podía soportarlo.

¡Increíble!

Yo, era mi propio saboteador.

Como consecuencia a ello, aprendí dos cosas que desvanecieron esta sensación:

1. Existen otras formas de invertir.

2. El que está del otro lado sabe las consecuencias que puede tener el tipo de inversión que está teniendo.

¡Atención a esto!

No tienes por qué especular con el precio de una acción para ganar dinero con ellas, por el contrario, puedes buscar empresas que realmente te guste la forma cómo trabajan, empresas en las que confías y te sientes identificado e invertir con ellas a largo plazo, sin importar el precio de la acción.

Lo que es lo mismo, buscar el reparto de beneficios con ellas, ya que eres socio: Dividendos.

Con esto ya me sentí aliviado, pero, aún hay más.

Comprendí después de mucho tiempo que el juego de operar acciones a corto plazo no afecta al inversor a largo plazo. Entendí que, en esos movimientos tan rápidos, la persona que estaba al otro lado de la pantalla, era consciente de dónde se estaba metiendo. Dicho de otra forma: No estaba infringiendo ninguna ley con este tipo de actividad, ni estafando a nadie.

Me sentí liberado cuando entendí este detalle y empecé a disfrutar de este tipo de operaciones y las ganancias empezaron a llegar también.

Toma esto como un ejemplo y llévatelo a tu trabajo, por ejemplo.

¿Acaso tienes miedo de pedir un aumento en tu trabajo o a cobrar más caro en tus servicios por lo que puedan pensar de ti? ¿Tienes miedo que te llamen usurero si intentas cobrar lo justo por tu actividad?

Quizás no quieras decir que no puedes ir a esa reunión familiar por quedarte a trabajar en tu negocio porque no te gusta que te llamen desconsiderado, ¿Cierto?

Cualquiera que sea tu caso, estoy seguro que puedes conseguir el fondo de lo que te hace sentir mal.

Lo importante es saber detectarlo, definirlo y reenfocarlo para sentirte bien con ello, siempre que no perjudiques a nadie, ni incumplas la ley.

Capítulo 18

Una vida que vale la pena vivir

Estamos en un punto, en el que hemos conseguido que te sientas liberado. Donde has sido capaz de detectar aquellas creencias que te estaban limitando y poder redefinirlas en tu mente para sacar el máximo provecho a tu potencial.

Estás en un punto totalmente diferente de cuando empezaste esta travesía conmigo. Sin embargo, tampoco has llegado al oasis que quieres llegar.

Estás empezando a moverte, a dar pasitos poco a poco, tal vez con un poco de timidez, con nervios a lo desconocido y preguntándote si, realmente, este es el camino que necesitabas.

Sé perfectamente cómo te sientes porque yo he estado en tu posición antes, pero permíteme decirte que, haberme liberado del qué dirán, de la opinión de los demás y de los juicios de otras personas que están quietas, me ha devuelto una paz que hacía tiempo que no sentía.

A partir de ahora tienes lo necesario para diseñar tu vida, sin ataduras, ni limitaciones. A menos que sean aquellas que tú quieras ponerte.

Comienza a caminar y testea tu seguridad arrojándote a riesgos que antes no te atrevías; pon a prueba tu compromiso rechazando planes que te sacan del camino que quieres seguir; decide levantarte sin rechistar después de caerte.

¡Hoy es un día de celebración!

Hoy renaces ante la vida como vencedor. Como aquel que fue capaz de encaminarse en medio de la corriente del río y cruzar al otro lado. ¿Llegando con la ropa rasgada y medio ahogado? Sí. Pero llegaste.

Ahora tienes un compromiso adquirido. Esto no va de ir solo hasta el fin del mundo y pelearte con Goliat.

Tu vida tiene que ser ejemplo explícito para motivar a otros David a que venzan los Goliat de sus vidas. Porque todos tenemos al menos uno en nuestra vida.

Sé ejemplar con tus actos. Impoluto en tus convicciones.

Mantente firme porque siempre habrá dos personas viéndote como mínimo:

Tú y Dios.

Esto podemos entenderlo mejor con la siguiente historia:

En la antigua Japón, se encontraba un niño recién llegado a la ciudad de Kioto. Había ido junto a sus padres para visitar a sus abuelos paternos.

Al llegar, quedó fascinado por lo hermosa que era la ciudad y lo tranquila que parecía.

De pronto, aparecieron sus abuelos por unas puertas de madera y, al verlos, el nieto salió corriendo para abrazarlos porque habían pasado 9 meses que no los veía.

Empezaron a convivir los días siguientes y el niño no se separaba de su abuelo, quería pasar las 24 horas del día junto a él porque se sentía bien. Lo consideraba un hombre sabio.

Entonces, llegó el momento de acompañarlo al supermercado. Se alistaron y se fueron enseguida. Al llegar, vio cómo su abuelo recogía la fruta y verdura que necesitaba pero el joven se preguntaba dónde estaría la chica del supermercado.

Mientras tanto, el abuelo seguía haciendo la compra.

Al terminar de recoger lo que necesitaba, el joven le dijo al abuelo:

—Oye, abuelo, ya que la chica del supermercado no está, ¿por qué no tomamos las cosas y nos vamos sin pagar? Total, no es nuestra culpa que no haya nadie supervisando sus cosas.

El abuelo, mirándolo con cariño le dijo:

—Querido nieto, aquí las cosas no funcionan de esa manera.

Terminando de decir esto, se dirigió a una cesta que había en una esquina llena de billetes y monedas, y depositó en ella la cantidad exacta de la compra que acababa de hacer, incluso, dejó un poco de propina.

El joven seguía intrigado y le insistía:

—A ver, es que se supone que debería de estar alguien cuidando sus cosas, ¿no?

El abuelo, acompañando hacia la salida de la tienda al nieto, le dijo:

—Si nos portamos bien sólo porque los demás nos están viendo, seríamos unos hipócritas, ¿no crees?

Y, añadió, justo al salir:

—Las personas solemos creer que cuando estamos solos podemos hacer lo que queramos, olvidándonos que la persona más importante sigue vigilándonos.

El niño, sin entender muy bien lo que quería decir el abuelo, le preguntó:

—Y, ¿quién es esa persona?

El abuelo, respondió con una sonrisa:

—Nosotros mismos.

En ese momento, el joven entendió la importancia de la integridad y también del amor propio, al darse cuenta que tenemos que ser la persona más importante de nuestras vidas y actuar en consecuencia a ello.

A esta historia, quisiera añadirle que, además de la realidad de que nosotros siempre estaremos con nosotros. Dentro de nosotros, habita también el más grande del universo, Dios.

Es por esto que en todo momento, por más abandonado que te sientas, tendrás, al menos, dos compañías.

Habiendo entendido esta realidad, quiero pedirte, al igual que el abuelo a su nieto, que actuemos con la responsabilidad necesaria y demos el ejemplo con nuestra vida a otras personas.

No con palabras ni teorías, sino con los hechos que hablan por sí solos.

Una frase que me gusta mucho es:

"Trabaja duro en silencio y deja que tu éxito haga todo el ruido."

Tener esto en mente cada día, nos ayuda a mantenernos enfocados en la importancia que tienen los hechos, por encima de la palabrería.

Me he encontrado en mi vida con personas que han llegado a hacerme sentir inferior al escucharlas hablar sobre sus proyectos, sus ambiciones y su supuesta tenacidad.

El tiempo mismo, me demostró que lo que decían esas personas no eran más que palabrerías.

No caigas en este error, por favor.

Nada peor que una persona que habla mucho pero hace poco.

Un ganador hace justo lo contrario: Hace mucho y habla poco. Y lo poco que habla, tiene peso allí donde lo dice porque su voz es escuchada con atención. Los que le rodean saben de su conocimiento y su sabiduría.

Esto es lo que auguro para ti.

Conviértete en la eminencia dentro de tu área. Una persona de influencia y que todos quieren conocer. Ese tipo de personas que los demás desean cruzarse y que se conforman sólo con intercambiar un par de palabras para sentir que les cambiaste la vida.

Personas de luz y sabiduría.

Personas que con su vida han dado ejemplo de lo que se puede conseguir con una vida bien vivida. Aquellos que pueden llegar desgastados pero en pie.

Vive una vida que valga por cien.

Explora y aviéntate a lo desconocido; aprende nuevos idiomas e involúcrate con nuevas culturas. No viajes sólo para tomarte fotos en los monumentos turísticos; viaja y conoce gente de allí. Come con ellos en la misma mesa y comparte anécdotas; mézclate como uno de ellos y adáptate como lo hace un camaleón, porque sólo así al volver a tu casa serás una mejor versión de ti.

Acumula experiencias en diferentes sectores. Sé médico, productor cinematográfico y empresario. Sé excelente en todo lo que hagas. Trabaja para ser el mejor.

No compremos la excusa que a veces quieren vendernos algunos de:

> "Si te dedicas a más de una cosa no terminarás haciendo ninguna bien."

¿Perdón? La excelencia es un valor que va dentro de la persona y que requiere sacrificio, compromiso y disciplina para ejecutarse.

Nos han querido vender una caja cerrada para meternos allí y limitarnos, ¿por qué quieres entrar en esa jaula?

¡Salte de allí, ya!

Demuéstrales que se equivocaban con tu ejemplo y de que sí es posible.

Comprométete a ser excelente en todo aquello que te dispongas a hacer, desde hacer tu cama por las mañanas, hasta intentar colonizar el planeta Marte.

Rompe estereotipos y estudia la vida de los genios del pasado.

¿Acaso no te preguntas cómo demonios se la apañaba Leonardo da Vinci para ser a la vez pintor, anatomista, arquitecto, paleontólogo, artista, botánico, científico, escritor, escultor, filósofo, ingeniero, inventor, músico, poeta y urbanista?

¿Me vas a decir que si tú quieres dedicarte a tres profesiones no puedes? Sólo necesitas comprometerte con la excelencia.

Capítulo 19

El camino que hoy comienza

Nuestro camino a través de estas líneas está llegando a su fin y, esto no quiere decir que sea una despedida sino todo lo contrario:

Es el inicio de una nueva etapa en tu vida, donde todos los principios y valores que he compartido contigo empezarán a hacer eco en tu cabeza.

Y dicho esto, necesito recalcar que, hacer eco no será suficiente para generar el cambio que necesitas, requeriremos un esfuerzo por tu parte para transformar el eco en la voz predominante en tu vida y, para ello, necesitas constancia.

Incorporar los valores necesarios para ser un *Ganador* en la vida no es cuestión de un día, ni de una semana… Es una cuestión de toda una vida de entrenamiento y perfeccionamiento.

Dicho esto, hago especial énfasis en desarrollar la disciplina cuanto antes: ejercítala y siente los beneficios que puedes obtener a través de ella y, verás que, con el tiempo, no sólo te será más fácil ser constante sino que te sentirás capaz de hacer más y más.

¿No es tranquilizante escuchar esto?

Al igual que cualquier otro músculo, los valores necesitan ser ejercitados a diario para poder tener una transcendencia en el largo plazo y sacar la persona extraordinaria que tienes dentro.

¿Te ha pasado que has estado tiempo sin hacer ejercicio y, la primera vez que intentas reincorporarte, sientes que tu cuerpo va a colapsar del dolor? En esto es igual.

En tus manos tienes las herramientas.

Yo me he encargado, personalmente, de ir colocándolas en tu mochila para que dispongas de ellas cuando las necesites. Ellas estarán esperándote.

Quiero aprovechar para agradecerte el haber llegado hasta aquí y animarte a retomar la lectura las veces que sean necesarias con tal de que asegures tu plaza en la mesa de aquellos que triunfan.

No hay margen de error, ni margen de juego. Si quieres vivir en tu propia piel lo que tantas noches has pedido de rodillas, levántate y ponte a trabajar para que sea una realidad cuanto antes.

Y estoy seguro que así lo harás.

Eres un campeón, eres una obra maestra de la vida y estás capacitado para conseguir todo aquello que te has propuesto.

Eres reflejo de lo eterno y lo inmortal.

Has sido capacitado con los dones necesarios para comerte el mundo, aunque algunos quieran intentar convencerte de lo contrario. Tus dones pueden estar dormidos pero no ausentes.

Que no te engañen, ¡no es lo mismo!

Incendia tu alma y pon en marcha el cohete con dirección a las estrellas y conquista tus sueños más profundos.

Ya hemos hablado muchas veces que nada es gratis, tendrás que pagar un coste y, probablemente, sea un coste bastante alto pero, valdrá la pena pagarlo una vez contemples la tierra desde allí arriba.

Estaré encantado de conocerte y abrazarte para cerrar el lazo, el lazo que se ha creado por medio de estas palabras y que nos han unido, que ha creado un vínculo inquebrantable desde el momento que empezaste a leer esta obra.

Gracias por haber entrado en mis pensamientos más profundos y, sobre todo, gracias por haberlos dejado entrar en los tuyos para poder generar una nueva forma de pensar y haberlos adaptado para ti.

Para finalizar, quiero desearte también un camino lleno de obstáculos, quiero que tengas dificultades y al superar todo ello, puedas enseñarles a más personas cómo pudiste hacerlo e inspirar más vidas.

Eres un agente de cambio, una luz en medio de las tinieblas, un ejemplo vivo de superación y de lucha incansable por sus sueños.

Recuerda que:

"Ver cómo alguien lucha incansablemente por sus sueños es devastador para el que se pasa su vida excusándose del por qué no lo ha logrado."

Eres un rompedor de moldes y ejemplo vivo de que sí, se puede.

Has nacido para ser un *Ganador* y nos encontraremos del otro lado para poder celebrarlo juntos.

¡Bendiciones eternas!

CARTAS

LA FÁBULA DEL ARBOL

Las personas somos como las semillas, todos tenemos el potencial de convertirnos en árboles, de crecer y de dar frutos, pero, no toda semilla plantada lo conseguirá. No porque no tenga el potencial de hacerlo o porque sea menos capaz, sino porque no basta sólo con ello.

Así como una semilla necesita ser plantada en una tierra fértil para empezar a germinar, las personas necesitan caer en una tierra fértil, propensa a dar frutos y a nutrir a esa nueva semilla que se inserta. Esa tierra abonada es nuestra familia, nuestros amigos, profesores, compañeros, en fin, la gente que nos rodea.

En segundo lugar, una semilla necesita ser regada continuamente, con agua que tenga nutrientes necesarios para la vida. Esta agua, es la información que recibimos, las creencias que vamos desarrollando y, en consecuencia, los hábitos que se implantan en nuestra vida.

En tercer lugar, una vez empiezan a salir las raíces, el tallo ha de ser dirigido, para que pueda crecer en vertical y no se desvíe. Estas guías son los valores, lo que nos da el valor de hacer lo correcto y seguir por el camino que necesitamos atravesar, a pesar de estar presentes las distracciones y la tentación de tomar "atajos" del camino fácil.

Una vez el tallo es rígido y fuerte, empieza a crear ramas, preparándose para poder dar en un futuro los frutos. Estas ramas, son las experiencias que vamos teniendo a lo largo de la vida, esas experiencias que nos preparan, poco a poco, para ir tras nuestra misión.

¡Por fin! Empieza a florecer el árbol.

©Escrito en el aeropuerto de Casablanca

Van apareciendo hojas verdes, cada hoja, que simboliza cada uno de los actos que nos acercan, cada vez más, a ese tan anhelado fruto, pero, aún no se ha terminado, falta algo, falta el clima ideal para que el fruto madure, la temperatura perfecta para que el fruto crezca.

Ese clima del que hablo, es la oportunidad que se presenta cuando estas preparado, cuando el universo te dice "tu hora ha llegado, ve y brilla como solo tú sabes hacerlo. Es tu momento salir a la luz", pues, es solo ahí, en ese momento, donde el éxito se presentará como el fruto del proceso y estará al servicio de los que te rodean para que disfruten de él.

CARTA A MI YO DEL FUTURO

Probablemente cuando estés leyendo esto tengas más experiencia, más dinero y más conocimiento. Y es por ello que necesitas leer las palabras que tengo para decirte:

Jamás te consideres lo suficientemente inteligente como para no escuchar la idea de un aprendiz, las mejores ideas pueden venir de cualquier persona.

Jamás te consideres lo suficientemente sabio como para no asumir que tus creencias son verdades absolutas, a nadie se le puede negar su realidad y puede que sea muy diferente a la tuya.

Jamás te consideres lo suficientemente experimentado como para no detenerte a valorar los riesgos de una nueva decisión, las cosas pueden torcerse en cualquier momento, sin aviso.

Jamás te consideres lo suficientemente rico como para olvidarte que hay personas que luchan para colocar un plato de comida en su mesa.

Jamás te consideres lo suficientemente único como para pensar que eres irreemplazable, en algún lugar del mundo habrá otra persona capaz de sustituirte, aunque no lo haga tan bien como tú.

Jamás consideres lo suficientemente normal un nuevo amanecer. Cada mañana hay millones de personas que desearían ver uno más.

Jamás consideres lo suficientemente normal un nuevo latido. Hay muchos corazones que se han detenido en este instante.

Jamás consideres lo suficientemente normal un abrazo. Los abrazos reales salen desde lo profundo del alma para demostrarte cariño, ¡Valóralos!